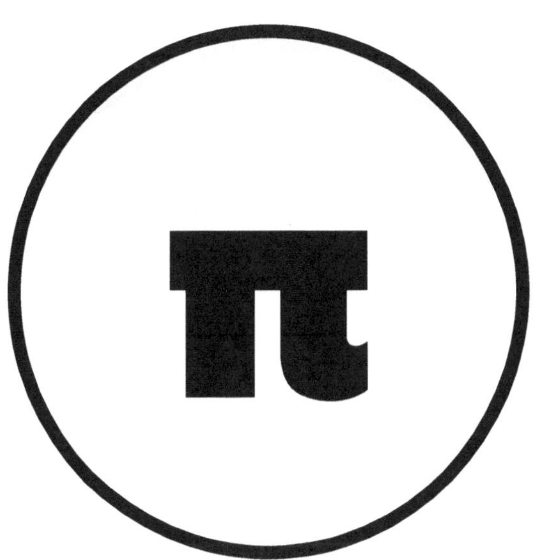

www.magisterio.com.co

Colección saber SABER
Matemáticas

Diagonal 36 Bis No. 20-58 Park Way - La Soledad
Bogotá - Colombia
(0571) 338-3605 (06)
www.magisterio.com.co

ISBN: 978-958-20-1278-6

Primera edición 2017

Catalogación en la publicación - Biblioteca Nacional de Colombia

Montenegro Aldana, Ignacio Abdón
Saber-SABER Matemáticas Guía profesor / Ignacio Abdón Montenegro Aldana, William Enrique Barraza Burgos. -- 1a. ed. - Bogotá:
Editorial Magisterio, 2017.
p. 154 (Saber SABER)

Incluye referencias bibliográficas.
ISBN 978-958-20-1278-6

1. Matemáticas - Enseñanza 2. Educación basada en competencias I. Barraza Burgos, William Enrique II. Título III. Serie

CDD: 372.7044 ed. 23 CO-BoBN- a999883

saber **SABER**

Matemáticas

Guía del maestro

Ignacio Abdón Montenegro Aldana
William Enrique Barraza Burgos

Cooperativa Editorial Magisterio

Contenido

Presentación

La labor educativa de los docentes busca transformar la cultura, es un conjunto de cambios progresivos y cualitativos orientados a sentir, pensar y actuar de la mejor manera posible. En este sentido, es un proceso de formación integral de la persona y de la sociedad en su conjunto. Para lograrlo, el diseño del currículo que se realiza en las instituciones educativas es el marco de referencia para crear experiencias de aprendizaje que permitan apropiarse del conocimiento y desarrollar las competencias de los estudiantes. La estructura y la forma como se plantean esas experiencias y la manera como se evalúa el desempeño de los alumnos son un punto crítico para el éxito o el fracaso escolar.

En este contexto se inscribe el presente libro, cuyo propósito es permitir a los docentes mejorar las bases conceptuales, metodológicas y tecnológicas relacionadas con las matemáticas, para que, a partir de los conocimientos y competencias que exige la sociedad actual en dicha área, les sea posible contribuir de manera significativa a la formación de los estudiantes como personas y a su preparación adecuada para las Pruebas Saber.

En la actualidad las matemáticas son un eje esencial en cualquier grupo humano, pues su propio desarrollo a través de la historia ha contribuido al progreso de las diversas culturas y disciplinas de las ciencias sociales y naturales; por ello es evidente la necesidad de ofrecer a los estudiantes una cultura matemática básica, para que sean ciudadanos bien informados, capaces de leer e interpretar información, de aplicar los conceptos del área a problemas de la vida cotidiana, de abordar comprensivamente los desarrollos de la ciencia y la tecnología, y de conectarse con la vida social como resultado de una dinámica cultural en la que el conocimiento juega un papel preponderante.

Al tiempo, también se trata de obtener buenos resultados en las pruebas nacionales e internacionales, lo cual significa que los profesores desarrollen las competencias matemáticas, planeadas, trabajadas y evaluadas a la luz de los *Lineamientos Curriculares* (MEN, 1998a), los *Estándares Básicos de Competencias en Matemáticas* (MEN, 2003) y los *Derechos Básicos de Aprendizaje* (MEN, 2015). En ese sentido, cabe destacar que los estándares articulan los contenidos con las competencias:

> Los estándares de calidad tienen como objeto que todos los niños y jóvenes, independientemente de sus condiciones socioeconómicas y culturales, alcancen los objetivos propuestos en el sistema educativo y realicen aprendizajes útiles para su vida y para la sociedad (MEN, 2003).

En consecuencia, *El libro del profesor* se constituye en una herramienta para reflexionar sobre lo importante y esencial en la enseñanza y el aprendizaje del área. No obstante los múltiples factores asociados, siempre es posible incrementar los resultados académicos, si existe en los maestros la intención de mejorar la acción de enseñanza y lograr mejores aprendizajes.

Las pruebas de evaluación al interior y exterior de la institución son un espejo para que el estudiante vea reflejados sus logros, sus dificultades, sus intereses cognitivos y sus debilidades. Una buena prueba le permite comprender la dinámica de su proceso formativo. Las pruebas que se realizan al interior de la institución educativa permiten valorar al estudiante, el currículo y el desempeño de los docentes.

Las Pruebas Saber son valoraciones externas que parten de parámetros nacionales contemplados en los lineamientos específicos del Instituto Colombiano para la Evaluación de la Educación (ICFES), los cuales están basados en los Lineamientos Curriculares y en los Estándares Básicos de Competencias del Ministerio de Educación Nacional (MEN). Así, buscan contribuir al mejoramiento de la calidad de la educación en el país mediante la evaluación de las competencias básicas de los estudiantes y del análisis de los factores que inciden en sus logros (ICFES, 2012, p. 9).

Asumir que una de la metas es contribuir con la mejora de la calidad educativa a través de las competencias, implica reconocer aquellas asociadas a la educación integral y la formación de seres críticos, capaces de reflexionar sobre su quehacer. En este sentido, es importante considerar algunos referentes históricos como los señalados por la Misión de Ciencia, Educación y Desarrollo: "Hay la necesidad de formar personas y grupos competentes para ser ciudadanos integrales en su núcleo familiar, en su cultura y en el planeta" (Aldana, E., et al., 1996). Los profesores de Matemáticas tienen aquí una oportunidad para apoyar este propósito.

Las matemáticas en el desarrollo humano

Comprender la función de las matemáticas en el desarrollo humano es la columna vertebral que permite a los educadores de esta área otorgar sentido a su labor y ejercerla con calidad y pertinencia. Para lograrlo, en primer lugar es importante dilucidar la naturaleza de esta disciplina, y esto se hará a través de una síntesis histórica, algunos enfoques epistemológicos y una presentación de los rasgos propios de la matemática como ciencia formal.

Un segundo apartado hará evidente la importancia de la educación matemática para el desarrollo cognitivo, social, afectivo y de las demás dimensiones de un ser humano integral. Entendiendo que estos aspectos se relacionan fundamentalmente con el proceso de desarrollo del pensamiento matemático.

En tercer lugar, se presenta la estructura del área en términos de componentes temáticos y las competencias a desarrollar por parte de los estudiantes. Tal estructura temática es la forma sistémica como se organizan los objetos de estudio de la matemática y de los principales problemas que aborda. El estudio de los objetos de la matemática desarrolla en los estudiantes competencias genéricas y específicas, en las cuales se distinguen componentes que los docentes pueden afectar deliberadamente.

Naturaleza de las matemáticas

Las matemáticas son consustanciales a la naturaleza humana, producto de su actividad social y cultural. Comprender de mejor manera esta idea supone recorrer una breve síntesis histórica, algunos enfoques epistemológicos y las características propias de las matemáticas como ciencia formal.

Carácter histórico de las matemáticas

La aparición de las matemáticas como expresión de una forma singular de creación humana implicó la aceptación del conocimiento matemático en relación con experiencias sociales y culturales, propias de momentos históricos particulares. Por lo regular, independientemente de esos períodos de la historia, la producción de diversas formas de conocimiento matemático está ligada a experiencias humanas sensibles o racionales. Así es como este conocimiento surge con un propósito esencial: ampliar la aprehensión del mundo y aportar en la construcción de sentido.

En virtud de la experiencia y las relaciones colectivas desarrolladas para la apropiación de la naturaleza y del lenguaje, las matemáticas son tan antiguas como la humanidad. La inteligencia primitiva estuvo orientada a las actividades de supervivencia, como la caza, la pesca, la recolección y las acciones complementarias como las luchas tribales, la construcción de armas, herramientas y la adecuación de hábitats como las cavernas.

Figura 1. La matemática como práctica

En este sentido, se ha aceptado a la matemática "práctica" como área ligada a actividades de supervivencia. A través de estas tareas el cerebro humano desarrolló habilidades relacionadas con el cálculo de distancias, la identificación de formas, el manejo del espacio y operaciones rudimentarias de conteo y cálculos de distribución. En la época primitiva la matemática se caracterizó por su énfasis en lo empírico, entendido como la forma en la que el ser humano aprendió un conjunto de nociones y prácticas que contribuyeron a su supervivencia y propiciaron el desarrollo cerebral.

Las matemáticas en la antigüedad

El surgimiento de la escritura hizo posible el registro de operaciones como el conteo y la representación de formas, muchas de las cuales se conservan en el tiempo. La escritura constituyó un avance significativo para la conservación, reproducción y difusión de la información vinculada con el conocimiento matemático. Un recorrido por la historia antigua permite ubicar el surgimiento del pensamiento matemático a partir de dos capacidades eminentemente humanas: "la percepción de la pluralidad, que casi pertenece al campo de la sensibilidad, y el poder de establecer correspondencias, emparejamientos que, sin duda, es propio de la inteligencia" (Caratini, 1970, p. 10).

Tabla 1. La matemática en la antigüedad

Énfasis	Línea de tiempo y representantes
Geometría y disciplinas afines	III A.C Babilonios: cálculos de superficies
	550 - 450 A.C Pitágoras: Teorema de Pitágoras
	315 - 235 A.C Euclides: libro *Los Elementos* (13 libros)
	262 – 180 A.C Apolonio de Pergamo. Tratado de las cónicas
Aritmética, teoría de números y álgebra	5III A.C Sumerios: numeración sexagesimal
	315 - 235 A.C Euclides: teoría de los números irracionales
	262 – 180 A.C Apolonio de Pergamo. Notación de los grandes números $\pi \approx 3{,}1416...$

Presencia en matemáticas escolares actuales

Volúmenes, áreas y perímetros
Unidades de medida
Aproximación del número Pi: $\pi \approx 3$ y su relación con medidas de perímetro, área y volumen

El Teorema de Pitágoras establece que en todo triángulo rectángulo, el cuadrado de la hipotenusa (lado de mayor longitud del triángulo rectángulo y opuesto al ángulo recto) es igual a la suma de los cuadrados de los catetos (lados que conforman el ángulo recto)

$$a^2 = b^2 + c^2$$

Geometría Euclidiana (GE): rama de las matemáticas que estudia las propiedades y las características de las figuras en un plano o en el espacio y sus relaciones. Los elementos básicos de la GE se clasifican en:

- Definiciones (punto, línea, segmento, triángulo,…).
- Proposiciones ("Libro I. Proposición 12. Trazar una recta perpendicular a una recta por un punto exterior a ella").
- Postulados (Libro I. Postulado 1. "Por dos puntos diferentes pasa una sola línea recta").
- Nociones comunes (Libro I. Noción común 1. "Cosas iguales a una tercera son iguales entre sí").

Trigonometría: Cónicas (curvas planas obtenidas mediante la intersección de un cono con un plano, de acuerdo con el ángulo de inclinación del plano con relación al vértice del cono se originan: circunferencias, elipses, hipérbolas o parábolas)

El Sistema Sexagesimal: sistema de numeración desarrollado en la antigua Mesopotamia a partir de la base 60. Se aplica en la actualidad a la medida del tiempo y a la de la amplitud de los ángulos

Perímetro de la circunferencia de radio R: $C = 2\pi R$
Área del círculo de radio R: $A = \pi R^2$
Volumen de la esfera de radio R: $V = \frac{4}{3} \pi R^2$

Las matemáticas en la Edad Media

El pensamiento de la Edad Media tomó sus fuentes especialmente de la lógica aristotélica y la matemática griega y árabe. La matemática era considerada la ciencia modelo de racionalidad, contrario a la diferencia instaurada por Aristóteles, quien consideraba física y matemáticas áreas bien distintas: Las segundas eran la ciencia de la cantidad abstracta, y las causas del cambio había que buscarlas en las cosas materiales.

En efecto, Aristóteles llama a los fenómenos sujetos al cambio (la densidad, el calor, la luz, distancia, velocidad) cualidades o formas y, en el realismo en que se movía, se preocupó por cuestiones como por qué brillan los planetas, por qué sopla el viento, por qué se forma el arco iris o por qué cae la lluvia mientras el fuego sube, tratando de encontrar un modelo de universo que respondiera a dichas cuestiones (Cotret, 1985, citado en Ruiz, 1998).

Esta estricta demarcación entre la matemática y la física, defendida por el pensamiento aristotélico en la Edad Media, significó un retraso en el desarrollo del pensamiento científico que, para las nociones fundamentales de la matemática y la física, comienza a diseminarse a partir del siglo XIII, cuando la matemática comienza a penetrar progresivamente en el dominio de las ciencias físicas junto con el método experimental.

Sin embargo, en el mundo occidental la Edad Media no solo se caracterizó por el dominio del pensamiento aristotélico; también surgieron nuevos movimientos encabezados, entre otros, por Bruno, Galileo y Copérnico, que enfrentaron el pensamiento dominante centrado en una visión teocéntrica de la naturaleza, a pesar de que, como sucedió, muchos nuevos pensadores terminaran en la hoguera. Entre tanto, en Medio Oriente las matemáticas tuvieron un desarrollo especial, posiblemente porque la ciencia antigua de los babilonios, griegos y egipcios fue mejor conservada por estas culturas.

Tabla 2. Matemática en la Edad Media

Énfasis	Línea de tiempo y representantes	Presencia en matemáticas escolares actuales
Aritmética y teoría de números	Siglo IX. Musa al-Juarismi, ingeniero y matemático inventor del algoritmo	Solución a problemas algebraicos Cálculo numérico Métodos para la solución de ecuaciones de primer grado
	Año 1.000. Al-Karaji demuestra el Teorema del Binomio	Solución a problemas algebraicos Solución a ecuaciones de diferentes grados $(a + b)^n = \sum_{k=0}^{n} \binom{n}{k} a^{n-k} b^k$ para todo número entero n
	Siglo XIII. Surgió la figura de Leonardo de Pisa (1180 -1250) más conocido como Fibonacci Su principal obra, Liber Abací, fue publicada en 1202 (el Libro del ábaco)	Cálculo de números según el sistema de numeración posicional Operaciones con fracciones comunes Regla de tres simple y compuesta Sucesiones y progresiones Nota: ocasionalmente las matemáticas escolares incorporan opciones creativas derivadas de sucesiones como la de Fibonacci

Las matemáticas en el Renacimiento y la época moderna

Como reacción al pensamiento medioeval, entre los siglos XIII y XVI, en Occidente iniciaron investigaciones científicas cuyo propósito fue descubrir lo real, lo permanente, lo inteligible tras el mundo cambiante de la experiencia sensible. Aunque no hay consenso universal para determinar con certeza el tiempo que delimita este período histórico, es posible afirmar que la edad moderna coincide con el auge de la idea de progreso, los descubrimientos, la comunicación y el predominio de la razón.

En este contexto, el nacimiento de la Geometría Analítica permitió establecer un puente entre dos areas diferentes de la Matemática: la Geometría y el Álgebra, pero, especialmente, se destaca que: "el método de coordenadas constituye el fundamento de los otros dos grandes progresos realizados en el siglo XVII: la introducción de la noción de función y el cálculo infinitesimal" (Diudonné, 1989, citado por Ruiz, 1998, p. 80).

Tabla 3. Matemática en el Renacimiento y la época moderna

Énfasis	Línea de tiempo y representantes	Presencia en matemáticas escolares actuales
Geometría y disciplinas afines	Siglo XV-XVI Leonardo Davinci. Aportes a la geometría proyectiva en la obra artística. Aplicación dimensión Áurea Siglo XVI-XVII René Descartes. Plano y coordenadas cartesianas	Geometría proyectiva asociada al arte Razones y proporciones Elementos básicos de la Geometría Analítica
Teoría de números, algebra, trigonometría	Siglo XVI-XVII René Descartes. Solución de ecuaciones. Aportes al algebra y la trigonometría Siglo XVIII-XIX Leonhard Euler. Teoría de Números Número de Euler (número irracional e = 2,71828182845…) Siglo XVII-XVII Gottfried Wilhelm Leibniz Cálculo infinitesimal	Solución de ecuaciones de diferente grado Notación exponencial Logaritmos Series y progresiones Probabilidades Combinatoria Sucesiones y progresiones
Cálculo	Siglo XVII-XVII Isaac Newton. Cálculo Diferencial Teoría de fluxiones Siglo XVII-XVII Gottfried Wilhelm Leibniz Cálculo infinitesimal	Elementos básicos del cálculo diferencial e integral Teorema del binomio

Las matemáticas en el siglo XIX

El siglo XIX es el período en el cual las matemáticas y las ciencias tuvieron un gran desarrollo y su complejidad llegó a niveles más altos. El genio matemático de Johann Carl Friedrich Gauss, matemático, astrónomo, geodesta y físico alemán, contribuyó significativamente en muchos campos de la ciencia, destacándose su aporte con la teoría de números y el desarrollo de la teoría de grupos a partir de los trabajos de Lagrange, junto a ello el trabajo de Galois amplió el campo del algebra con la teoría de los polinomios que pueden ser resueltos con una fórmula algebraica.

Por otra parte, el matemático alemán Felix Christian Klein (1871) logró demostrar que las geometrías métricas, euclidianas o no euclidianas, se constituyen en casos particulares de la geometría proyectiva; uno de sus aportes más importantes se relaciona con las geometrías según sus grupos de transformaciones (el llamado Programa Erlanger), que posteriormente se aplicó en la solución de ecuaciones diferenciales y en el desarrollo de uno de los campos más prolíferos de las matemáticas: la topología.

Durante este período también resaltan aportes como el de Cantor sobre la teoría de conjuntos y las paradojas identificadas por Bertrand Russell, los cuales incidieron significativamente en nuevas conceptualizaciones sobre este concepto matemático. Al tiempo, se destacan los aportes de Dirichlet (1837), asociados con el sentido moderno de la función continua. En cuanto a la generalidad y el rigor de las funciones, en el siglo XIX ya no se recurre exclusivamente a las formas algebraicas o trascendentes de una función; se generaliza el concepto de curva y: "libera al concepto de función de la exclusividad de la intuición geométrica" (Ruiz, 1998, p. 132); punto reiterado por Desanti cuando afirma que "el nuevo Cálculo dejaría de chocar con los obstáculos del realismo geométrico de la extensión y del realismo aritmético del número natural" (1976, citado por Ruiz, 1998, p. 190).

Tabla 4. Matemática en el siglo XIX

Énfasis	Línea de tiempo y representantes	Presencia en matemáticas escolares actuales
Geometría y disciplinas afines	Siglo XVIII-XIX Johann Carl Friedrich Gauss Geometría diferencial Siglo XIX-XX Georg Cantor Aporte al concepto de infinito (infinitamente pequeño - infinitamente grande), fundamental para el trabajo sobre fractales Siglo XIX-XX Felix Christian Klein Geometrías no euclidianas	Elementos básicos de la Geometría Fractal
Teoría de números, algebra, trigonometría	Siglo XVIII-XIX Johann Carl Friedrich Gauss Progresiones aritméticas Teorema fundamental de la aritmética Solución de sistemas de ecuaciones lineales a través de matrices (Método de Gauss) Siglo XIX-XX Georg Cantor Teoría de números irracionales Teoría de conjuntos	Elementos básicos de conteo Algebra: solución de sistemas de ecuaciones lineales Teoremas básicos sobre teoría de números Elementos básicos de la Teoría de Conjuntos
Probabilidad y Estadística	Siglo XVIII-XIX Johann Carl Friedrich Gauss Distribución Normal: la campana de Gauss	Elementos básicos de probabilidad y estadística

Las matemáticas contemporáneas: siglo XX y XXI

Los desarrollos matemáticos durante el siglo XX y lo corrido del siglo XXI superan, por lo menos en cantidad, a todos los realizados durante la historia. Basta con señalar que durante la última década del siglo XX las revistas especializadas de matemáticas publicaron más de 50.000 trabajos de investigación. Las matemáticas no solo han sido las herramientas por excelencia de las ciencias, como lo expresó Newton; en la actualidad son los rieles que sostienen su avance, y esto se expresa desde comienzos del siglo XX: la Teoría de la Relatividad de Einstein no hubiese sido posible sin la Geometría Diferencial Moderna.

Es posible destacar también otros casos que desde el siglo XX son grandes aportes matemáticos, como: la mecánica cuántica de Max Planck y sus sucesores; los modelos atómicos de Rutherford, Bohr, Sommerfeld y Schrödinger; la explicación de la conducta de las partículas subatómicas; así como el descubrimiento de la antimateria y de la energía oscura, que se dio gracias a deducciones matemáticas. Los estudios de Von Neumann condujeron a la creación de las computadoras y los trabajos de Shannon, sobre la teoría matemática de la información y de la comunicación, hicieron posible la teoría de códigos y la transmisión de datos.

Uno de los más representativos avances de la Matemática del siglo XX se produjo en el campo de la Topología (geometría de la membrana de caucho), introducido por Henry Poincaré. El campo de la Teoría de las Probabilidades avanzó de manera significativa a partir de los trabajos de Kolmogorob, con la axiomatización del modelo probabilístico, y de Kiyositó, con la integral estocástica, que permite comprender que casi todos los fenómenos tienen un componente aleatorio.

Por su parte, los estudios de los fenómenos no lineales en los sistemas dinámicos han hecho posible ver la frecuente aparición de términos no lineales en las ecuaciones que regulan la evolución de un proceso concreto; un ejemplo de ello son las ecuaciones de Navier-Stokes, que regulan la dinámica de los fluidos. El estudio de estas constantes no lineales es la base para el análisis de comportamientos con rasgos caóticos. Por último, el siglo XX vio el crecimiento concreto de la lógica como campo de la matemática, impulsada, entre otros, por Turing, Gödel y Von Neumann, concretando avances que han conducido, por ejemplo, al invento del computador, el cual, sin lugar a dudas, ha sido la base para un sinnúmero de avances científicos y para la solución de tareas cotidianas.

Tabla 5. Matemática en el siglo XX

Énfasis	Línea de tiempo y representantes	Presencia en matemáticas escolares actuales
Geometría y disciplinas afines	Siglo XX Maurits Escher (1935) Simetrías y teselaciones	Aplicaciones de teselaciones y simetrías en actividades artísticas relacionadas con innovaciones en geometría
	Siglo XX Aportes del grupo matemático francés conocido con el nombre colectivo de Nicolás Bourbaki (1930) Números Reales Estructuras de Orden y Estructuras Topológicas (Idea de proximidad)	Elementos básicos de Análisis Matemático
Probabilidad y Estadística	Siglo XX Von Neumann (1928) Teoría de Juegos	Elementos básicos de procesos estocásticos y aleatorios
	Siglo XX Teoría de la Probabilidad y Mecánica Cuántica (1929)	
	Siglo XX Andrei Kolmogorov (1931) Modelo probabilístico	Elementos básicos de probabilidad
	Siglo XX Alan Turing (1950) Máquinas de cálculo e Inteligencia	Elementos básicos de computación

Esta breve síntesis pretende, como ya se ha señalado, brindar algunos episodios relevantes de la historia de la matemática, y es posible profundizar en ella a partir de la consulta de autores como Boyer (1992), Bell (1996) y Ruiz (1998). Han quedado sin nombrar la historia de cientos de conceptos y de matemáticos que contribuyeron a su formulación, pero, en últimas, solo se quiere demostrar que: "el conocimiento matemático está conectado con la vida social de los hombres, que se utiliza para tomar decisiones que afectan a la colectividad y que sirve como argumento de justificación" (MEN, 1998, p. 20). Así, la historia misma de la matemática invita a re-conceptualizar la educación matemática, ubicando esta disciplina del conocimiento en contexto con los desarrollos de la ciencia, la tecnología, la sociedad, sus culturas y, por tanto, la vida misma.

Enfoques epistemológicos

La historia da cuenta de diversas proposiciones y discusiones sobre el origen y naturaleza de las matemáticas; es decir, sobre si existen fuera de la mente humana o son una creación de la mente; si son exactas e infalibles o falibles, corregibles, evolutivas y provistas de significado como las demás ciencias.

Así, en 1932 Kurt Gödel, famoso filósofo y matemático austriaco-estadounidense, plantea la cuestión de si las matemáticas son producto de la mente humana o si, por el contrario, existe una serie de realidades matemáticas objetivas, insistiendo en que dichas realidades objetivas se corresponden con todas las proposiciones verdaderas, y en que la matemática subjetiva solo puede ser demostrada en la mente humana. Gödel concluyó que si las matemáticas fuesen enteramente hipótesis que existen solo en la mente, cualquier verdad podría ser demostrada, cosa imposible, y que, si por el contrario, los objetos matemáticos preexisten, entonces la tarea del matemático se reduce a describir dicha verdad.

La discusión planteada es útil para los docentes del área, pues permite comparar los argumentos de uno y otro enfoque para, lejos de adoptar posiciones radicales, procurar el diálogo entre ellos y así enriquecer la propia concepción del área y fortalecer la práctica pedagógica. A continuación se presentan algunos enfoques epistemológicos de esta disciplina formal que también están reseñados en los *Lineamientos Curriculares* del MEN (2008).

Figura 3. Enfoques de la matemática

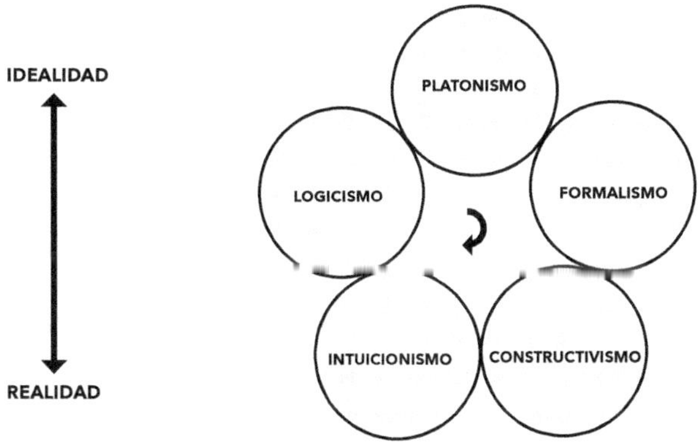

Nota. Los enfoques matemáticos oscilan entre la realidad y la idealidad del mundo, existen entre ellos relaciones de complementariedad. Fuente: Elaborado por el autor

El platonismo

El platonismo es una corriente del pensamiento que considera las matemáticas como un conjunto de verdades independientes del ser humano que ha existido desde siempre. Así, la tarea del matemático es descubrir dichas verdades, ya que en cierto sentido está "sometido" a ellas y debe obedecerlas; por ejemplo, si se traza un triángulo cualquiera, irremediablemente se encontrará que la suma de sus tres ángulos internos es de 180 grados (MEN, 1998a, p. 16).

El pensamiento platónico reconoce que las figuras geométricas, las operaciones y las relaciones aritméticas son misteriosas en muchos sentidos; sus propiedades solo pueden descubrirse a costa de un gran esfuerzo y, a pesar de éste, no es sencillo descubrirlas, pues también implican otras propiedades insospechadas; así, las matemáticas trascienden la mente humana y existen fuera de ella como una "realidad ideal", independiente de la actividad creadora y de los conocimientos previos.

La postura epistemológica de Platón se evidencia más claramente en el Mito de la Caverna, en el cual un sujeto A no tiene noción de un objeto B porque solo ve sombras; tampoco tiene ideas previas de ese objeto y mucho menos puede experimentar con él (Platón, 1979). Por su parte, el sujeto B se encuentra en peor condición, porque está encadenado y sin posibilidad de *darse cuenta de* las sombras.

Análisis posteriores, como el de Chevallard (1997), infirieron, a partir de los *Diálogos de Platón*, que el conocimiento se instala cuando un sujeto A aprehende el objeto B o cuando un sujeto Y, llamado profesor, estimula la aprehensión del objeto por parte del sujeto A. De allí que el conocimiento se origine en la relación de deseo de un sujeto y otros sujetos a través del lenguaje, para que de manera corresponsable tengan noción de algo. Por lo demás, dado un acervo de conocimientos matemáticos, es muy probable que con posteridad se utilice la lógica, la experiencia, el formalismo o las ideas previas (que pueden constituirse en obstáculos epistemológicos).

En síntesis, es posible afirmar que el conocimiento es complejo (Morín, 1994), y ello es contrario a las ideas de quienes sostienen que los conocimientos matemáticos (o de otra área) son determinados exclusivamente por la mente humana, la realidad, los sentidos, la razón o la experiencia científica.

El logicismo

La corriente logisista considera que las matemáticas son una rama de la Lógica, independiente, aunque con el mismo origen y método; de esta manera, son un componente de una disciplina universal desde la cual es posible dirigir toda forma de argumentación. El logicismo propone definir los conceptos matemáticos mediante términos lógicos y reducir los teoremas al empleo de deducciones lógicas, así resulta que: "La lógica matemática es una ciencia que es anterior a las demás y que contiene todas las ideas y los principios en que se basan todas las ciencias" (Kurt Gödel, 1906, citado en Dou, 1970, p. 59).

Tal proposición coincide con el pensamiento aristotélico y la Escolástica medieval, en la medida en que, como en ellos, se reconoce la existencia de dos lógicas: la deductiva y la inductiva. La primera, parte de premisas generales para llegar a conclusiones específicas, buscando la coherencia de las ideas entre sí; mientras la segunda comienza por observaciones específicas para llegar a conclusiones generales, que va refinando a través de experiencias y contrastes empíricos, procurando la coherencia de las ideas con el mundo real.

Aunque las primeras explicaciones matemáticas basadas en la lógica aparecieron en Grecia, especialmente con los *Elementos* de Euclides, el logicismo tuvo que esperar hasta el Siglo XIX para tener un marco teórico consolidado desde el trabajo de Dedeking y Peano, quienes articularon los principios de la Matemática a la Lógica; de Frege y Wittgestein, que desarrollaron la lógica de predicados, y de Bertrand Rusell y Alfred Whitehead, que publicaron los *Principia Mathematica* para completar el proyecto logicista, junto a los aportes de Kurt Gödel, quien también intentó utilizar la lógica y la teoría de conjuntos para comprender los fundamentos de la matemática.

El pensamiento matemático adoptado por estos autores fue acogido en la Escuela del Positivismo Lógico, que se desarrolló especialmente en el Círculo de Viena, grupo dedicado a la búsqueda de un lenguaje común que partiera desde la Filosofía para todas las ciencias, el cual se vinculó particularmente a la lógica y el empirismo inglés

El formalismo

El pensamiento formalista reconoce a las matemáticas como creación de la mente humana, pero entiende que consisten solamente en axiomas, definiciones y teoremas, expresiones formales ensambladas a partir de símbolos que son manipulados o combinados de acuerdo a ciertas reglas establecidas. Para el formalista la matemática comienza con la inscripción de símbolos en el papel; así, aunque la verdad de la matemática está en la mente humana, no radica en las construcciones que ella realiza internamente, sino en la coherencia con las reglas del juego simbólico respectivo.

De tal forma, una vez fijados los términos iniciales y sus relaciones básicas en la actividad matemática, ya no se admite nada impreciso u oscuro; todo tiene que ser perfecto y bien definido. Las demostraciones tienen que ser rigurosas, basadas únicamente en las reglas del juego deductivo, respectivo e independiente de las imágenes que se asocien con los términos y las relaciones.

El intuicionismo

La perspectiva intuicionista considera las matemáticas como el fruto de una elaboración realizada por la mente a partir de lo que percibe con los sentidos; al tiempo, las entiende como el estudio de esas construcciones mentales, cuyo comienzo puede identificarse con la construcción de los números naturales. De tal forma, puede decirse que toda la Matemática griega, particularmente la aritmética, es espontáneamente intuicionista y, aunque esta escuela filosófica de las matemáticas se conformó solo a comienzos del siglo XX, está inspirada en las tesis de Kant sobre la Aritmética y la Geometría.

El principio básico del intuicionismo es que las matemáticas se pueden construir partiendo de lo intuitivamente dado, de lo finito, y que solo existe lo que en ellas haya sido construido mentalmente con ayuda de la intuición. El fundador de esta corriente es el holandés Luitzen Brouwer (1881-1968), quien se opuso al formalismo matemático de su época considerando que la idea de existencia en las matemáticas es sinónimo de constructividad, y que la idea de verdad es sinónimo de demostrabilidad; así, decir que un enunciado matemático es verdadero, equivale a enunciar que tenemos una prueba constructiva de él.

El intuicionismo no se ocupa de estudiar o de descubrir las formas como se realizan las construcciones e intuiciones matemáticas en la mente, pues supone que cada persona puede hacerse consciente de esos fenómenos. La atención a este punto es un rasgo característico del constructivismo.

El constructivismo

El constructivismo comparte diversos vínculos con el intuicionismo, pues también considera que las matemáticas son una creación de la mente humana y que únicamente tienen existencia real aquellos objetos matemáticos que pueden ser construidos por procedimientos finitos a partir de objetos primitivos.

Características de las matemáticas

Reconocer que el conocimiento matemático se ha construido en entornos, culturas y períodos históricos particulares, como resultado de la evolución histórica de un proceso cultural, equivale a pensar que está conectado con la vida social (SED, 1999). En consecuencia, la Matemática, como disciplina, ha tenido un carácter eminentemente histórico y, así, es posible concluir que la *Matemática Escolar* adquiere un sentido personal, académico y social.

En toda cultura se desarrollan actividades como localizar, contar, medir, diseñar, jugar o explorar; estas tareas relacionadas con lo cotidiano constituyen la práctica empírica de la matemática, y una de sus características más importantes, como disciplina, es su naturaleza teórica; ella le permite explorar las distintas relaciones entre abstracciones, sin importar si tienen asidero en el mundo experimental o sensible.

Así, cuando se da una expresión para el cambio del área de un cuerpo geométrico cuando su volumen se aproxima a cero, los matemáticos poco se preocupan de que ocurra en la realidad; otro sencillo ejemplo sería demostrar que cuando dos líneas se cortan en un punto, los ángulos opuestos que se forman por el vértice son equivalentes en su amplitud. Los matemáticos utilizan la lógica, poco les interesa un medidor de ángulos. En la historia de la matemática se han encontrado relaciones abstractas entre distintas expresiones matemáticas desarrolladas separadamente.

Quizá no sea posible imaginar el inmenso espectro de las matemáticas teóricas (abstractas o puras) en la actualidad. Es por eso que, sin pretender agotar todas las ramas y sub-ramas, se destacarán solo las siguientes: Numérica (Números enteros, racionales, irracionales, complejos, imaginarios); Geométrica o espacial (Geometría, Trigonometría, Geometría Diferencial, Geometría fractal, Topología, Teoría de la medida); Estructuras (algebraicas, combinatoria, Teoría de grafos, Teoría de grupos, Teoría del orden, Teoría de números); Del cambio (Cálculo diferencial e integral, cálculo vectorial, ecuaciones diferenciales, sistemas dinámicos, análisis complejo, Teoría del caos).

Por otra parte, la disciplina matemática también se caracteriza por su *naturaleza práctica*; muchos matemáticos obtienen sus conclusiones a partir de experiencias con el mundo físico, ya se ha visto que los babilonios obtuvieron tablas que reflejan de manera empírica el manejo de una función, a partir de la observación de los cuerpos celestes. La Matemática Práctica también se manifiesta, por ejemplo, en la comprobación de la relación entre la longitud del radio de una circunferencia y la longitud de la circunferencia, utilizando unidades de medida estandarizadas.

Como las matemáticas teóricas, las Matemáticas Aplicadas también abarcan un universo muy amplio, al cual acceden distintas profesiones y empresas para ofrecer un mundo por comprender; entre las ramas más conocidas se destacan la Estadística, las Matemáticas Financieras y la Teoría de las Probabilidades, a la vez que la Teoría de Juegos, la Física Matemática, la Química Matemática, la Biología Matemática, la Economía Matemática o la Dinámica de fluidos, el Análisis numérico, la Criptografía, la Teoría de Control, entre otras que aportan saberes especializados de la matemática al desarrollo y sostenimiento del mundo social y científico contemporáneo.

En síntesis, los conocimientos matemáticos no pueden ser reducidos a las actividades de la vida cotidiana, pues aún en ella hay niveles superiores que son deseables y necesarios y que se deben desarrollar en los estudiantes para mejorar la comprensión del mundo y de la vida. Aunque en algún momento se hayan trabajado por separado, la matemática teórica y la práctica no son dos mundos alejados; se han encontrado para comprobar los descubrimientos logrados en cada una de ellas. De allí que las matemáticas teóricas no estén restringidas por el mundo sensible, sino que contribuyan a entenderlo mejor; por algo se afirma que la matemática es el *lenguaje de la ciencia*. Es desde allí que es posible diferenciar los distintos niveles en la cultura matemática: Los conocimientos matemáticos escolares, los conocimientos matemáticos de la vida cotidiana y los conocimientos científicos de la matemática como disciplina.

Figura 4. Contexto de la matemática escolar

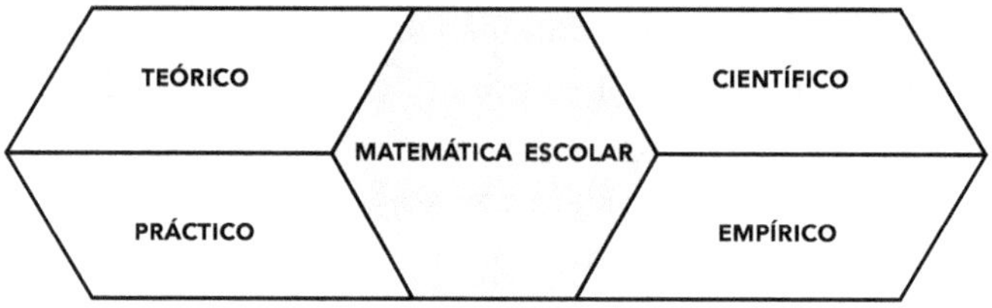

Nota. Los conocimientos matemáticos que circulan en la escuela conectan el nivel empírico con el científico, lo teórico con lo práctico. Fuente: Elaborado por el autor

Aún en el nivel de las matemáticas escolares se escucha de una matemática teórica asociada a conocimientos que tratan de parecerse a los de la disciplina. Al tiempo, otros defienden los saberes matemáticos enteramente empíricos, aquellos que se aplican en la vida cotidiana. Sin embargo, el propósito de la escuela se relaciona con los conocimientos escolares matemáticos, que se caracterizan por permitir a los estudiantes construir *explicaciones* del meso-mundo y del meso-cosmos, buscando coherencia entre lo cotidiano y las ideas escolares; además, con ellos construyen explicaciones del micro-mundo y del macro-mundo, buscan respuestas coherentes entre lo cotidiano y lo científico. El propósito de estas tareas en la escuela es comprender o reconstruir un conocimiento elaborado por las distintas culturas, que es validado por los profesores y por la cultura escolar.

Reconociendo lo anterior, la matemática es una ciencia formal porque parte de axiomas que siguen y utilizan el razonamiento lógico para estudiar las relaciones y propiedades de objetos abstractos como números, símbolos o figuras geométricas, etc. Un axioma es una proposición tan evidente que no necesita ser probada, instituyéndose como punto de partida para demostrar otras proposiciones (postulados) que deben ser demostradas a partir de los axiomas.

La matemática emplea el razonamiento lógico en tanto usa el proceso de razonar manifestado en otras funciones, como comprender, explicar, convencer y demostrar, no solo en cuanto a los contenidos matemáticos, sino en los problemas planteados, el lenguaje matemático y los modelos. Así, la tarea del matemático es buscar patrones, hacer conjeturas, formular nuevos problemas y demostrar mediante rigurosas deducciones el conocimiento matemático.

Por ello el rigor es un rasgo fundamental en la matemática, que se basa en el uso de un lenguaje preciso, universal y monosémico. El rigor es condición indispensable de la demostración matemática, a diferencia de lo que ocurre en el lenguaje de la vida cotidiana, en donde una misma palabra puede tener distintos sentidos (polisémico); en las matemáticas cada término empleado tiene un significado único (monosémico), por ello el lenguaje matemático, como expresión del conocimiento matemático, es una estructura formal compuesta por un conjunto de códigos con sintaxis y semánticas definidas.

Figura 5. Características del lenguaje matemático

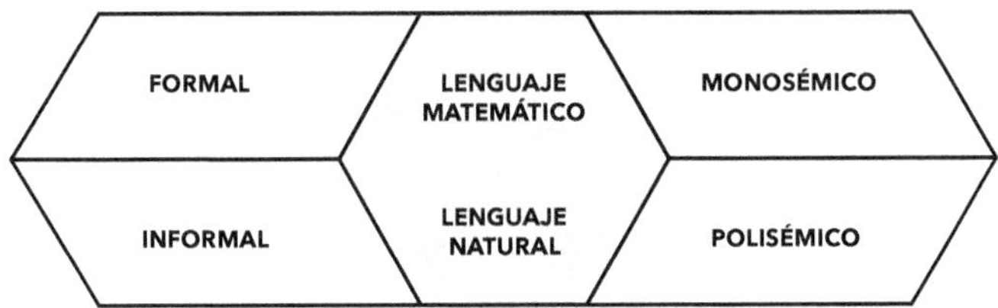

Nota. A diferencia del lenguaje natural, informal y polisémico, la matemática se expresa en lenguaje formal, monosémico, a pesar de que ha surgido como una abstracción del lenguaje natural. Fuente: Elaborado por el autor

El actual lenguaje simbólico de la matemática se empezó a construir a partir del siglo XVIII con el trabajo de Euler; en general, antes de dicho avance las matemáticas se expresaban a partir del lenguaje común, hecho que dificultaba enunciar la brevedad y generalidad de las ideas. Por ello, aunque para los principiantes el actual código de símbolos matemáticos puede constituirse como obstáculo para comprender los conceptos, es necesario anotar que ello implica que entiendan primero el sentido cualitativo que subyace a tales expresiones. Así por ejemplo, palabras como, abierto, cerrado, cuerpo o raíz, tienen un significado diferente al de la vida cotidiana.

Aportes de las matemáticas al desarrollo humano

No se trata del hombre para las matemáticas sino de las matemáticas para el hombre. Una pregunta crucial de los docentes de matemáticas es ¿cómo, desde esta ciencia formal, aportar al desarrollo humano? Para contestarla se comenzará por abordar la idea de desarrollo integral y diferencial, para luego presentar una aproximación a la dinámica del desarrollo del pensamiento matemático, con el fin de contribuir significativamente, desde el ejercicio de la docencia, al desarrollo de las competencias propias de cada período de desarrollo de la persona.

Concepción de desarrollo humano

El desarrollo humano es un conjunto de procesos orientados a preservar las propiedades adaptativas que ha entregado la evolución natural, y propiciar cambios cualitativos orientados a la evolución cultural, entendida como el cultivo de la racionalidad humana. El desarrollo es integral en la medida en que potenciemos de manera simultánea las distintas dimensiones; y se hace diferencial en el hecho de que cada ser humano desarrolla habilidades y propiedades especializadas para asumir un rol específico en la compleja estructura social. El papel de la educación es contribuir significativamente al desarrollo integral y diferencial del ser humano.

La complejidad del ser humano hace que los educadores necesiten modelarle para comprenderle y orientar su formación. Modelar significa representar en una estructura la idea que tenemos de él, hecho que permite identificar sus componentes, relaciones e interacciones. Uno de los modelos prácticos en educación es concebir al ser humano como multidimensional y a la integralidad como el desarrollo simultáneo y articulado de distintas dimensiones.

La dimensión biológica es básica porque en ella ocurren los procesos que garantizan la supervivencia, vinculados a la protección, nutrición y reproducción. Desde el punto de vista educativo, se destacan los procesos de desarrollo sensorio-motriz ligados a la comprensión, ubicación y manejo del espacio y de los objetos. La dimensión biológica es la base de la dimensión intelectual, central para el desarrollo de la conciencia humana. La intelectualidad está cimentada en el lenguaje, la lógica y los procesos cognitivos que, de manera conjunta, permiten conocer al propio ser y comprender el mundo.

Ambas dimensiones, biológica e intelectual, apoyan a la dimensión social, en cuya base se encuentran los procesos afectivos; también forman parte de la dimensión social los procesos comunicativos, éticos y estéticos. Mediante la comunicación se interactúa con las demás personas para satisfacer las necesidades y potenciar el desarrollo personal. Los procesos estéticos permiten apreciar la armonía de los seres, de los fenómenos y de las actuaciones humanas, mientras que los procesos éticos se refieren a la valoración de las acciones propias y ajenas para, desde allí, tomar decisiones y actuar.

Figura 6. Modelo de desarrollo humano

SOCIAL	**AFECTIVO**	**COMUNICATIVO**	**ÉTICO**	**ESTÉTICO**
INTELECTUAL	**LÓGICO**	**LINGÜISTICO**	**COMUNICATIVO**	
FÍSICA	**SENSORIAL**	**MOTRIZ**	**ESPACIAL**	

Nota. El desarrollo humano se puede concebir como un conjunto de procesos asociados a dimensiones. Fuente: Elaborado por el autor

La dimensión social, a su vez, se retroalimenta de la dimensión intelectual y ambas permiten comprender el plano biológico, hecho que contribuye a la conciencia del cuidado del cuerpo y de las funciones vitales. Las tres dimensiones actúan juntas, sus procesos interactúan y se refuerzan mutuamente. Su desarrollo simultáneo y la armonización de los distintos procesos es lo que se concibe como formación integral, por ello la pregunta que surge para los profesores de matemáticas es: ¿cómo se puede contribuir desde esta disciplina a esa formación integral? A continuación se plantearán algunas ideas al respecto.

Aportes de las matemáticas al desarrollo biológico

El desarrollo biológico es un proceso de diferenciación, integración y crecimiento de los diferentes sistemas, órganos y tejidos que conforman al ser humano; implica dos grandes funciones: la nutrición y la reproducción. Aunque su ejercicio pasa por el programa genético, la educación, como forma de intervención en la cultura, puede aportar para generar condiciones que faciliten su efectiva realización.

La educación matemática puede contribuir al desarrollo eficiente del sistema motriz y sensorial y a la comprensión del espacio, su ubicación y manejo. Esto se logra con actividades de desplazamiento, conteo y medición orientadas a entender el componente métrico y geométrico. El componente numérico-variacional también se puede aplicar al conocimiento del cuerpo, con actividades de conteo sobre la base de la clasificación. Los datos derivados de la organización del cuerpo también son objeto de tratamiento estadístico y, por lo tanto, pueden ser abordados desde el componente aleatorio.

Por su parte, el desarrollo de la competencia "razonamiento y argumentación" se puede aplicar a la comprensión matemática de fenómenos corporales, y el de la competencia de "comunicación, representación y modelación", con el planteamiento y solución de problemas. En este sentido, es necesario ver la utilidad de articular lo matemático con la educación física para lograr aportes significativos desde la matemática al desarrollo de la dimensión biológica.

Aportes de las matemáticas al desarrollo intelectual

El desarrollo intelectual es uno de los factores que contribuye en mayor medida a la racionalidad humana, pues a través de él se logra la comprensión del ser humano y del mundo en el cual se halla. Desde los tres componentes temáticos se potencia la cognición, el desarrollo de la lógica, del lenguaje propio de las matemáticas y de sus relaciones con el lenguaje natural. Al trabajar las tres competencias propias de las matemáticas también se aporta a la intelectualidad humana.

Dentro de estos propósitos es muy importante la articulación del área con las ciencias naturales para comprender la forma como la ciencia se expresa en lenguaje matemático. Con el área de la tecnología la relación es recíproca, dado que los desarrollos matemáticos permiten comprender los avances tecnológicos y éstos, a su vez, facilitan la comprensión de las matemáticas. En el campo de la informática existe una gran diversidad de software para comprender y aplicar distintos conceptos del área de las matemáticas.

Aportes de las matemáticas al desarrollo social

El desarrollo social consiste en la configuración de relaciones armónicas entre el ser humano (como individuo) y la sociedad; tiene el doble propósito de consolidar su existencia en tanto individuo y como colectividad, teniendo en cuenta que su interacción con los demás miembros de la especie genera relaciones de afecto e implica procesos comunicativos y un desarrollo ético y estético.

Las matemáticas contribuyen al desarrollo social en tanto que logren articular armónicamente el estudio individual con el estudio en equipo. Esto se logra con la implementación de metodologías activas e interactivas que permitan explicar los conceptos, la socialización y la co-evaluación, a partir de la auto-evaluación y la construcción colectiva de conocimiento mediante procesos interactivos. Los tres componentes temáticos aportan al desarrollo social del estudiante.

Es posible realizar conteos y mediciones de las estructuras humanas, describir sus variaciones en el tiempo y expresarlas como funciones. La estadística es una herramienta muy importante en la demografía y en la descripción e interpretación de los diversos fenómenos sociales, en ella se expresa la importancia de articular las matemáticas y las ciencias sociales; al tiempo, es importante ver que las matemáticas también permiten comprender la estructura del espacio geográfico en cuanto a ubicación y manejo de distancias en el ámbito local y mundial, y entender la estructura del cosmos a partir de las distancias astronómicas.

Por otra parte, para el desarrollo de las habilidades sociales, en especial de las competencias ciudadanas, resulta de gran utilidad fomentar el impulso de las tres competencias básicas de las matemáticas; el concepto de proporcionalidad, de origen matemático, es la base para comprender el sentido de justicia.

Desarrollo del pensamiento matemático

El progreso del pensamiento matemático sigue los principios básicos del desarrollo ontogénico, es decir, la consideración del ser humano como individuo, como ser único y singular. Esta dinámica permite a los educadores abordar con pertinencia los planes de estudio y las metodologías propias para cada período durante el desarrollo del pensamiento estudiantil. Diversos investigadores han trabajado aspectos importantes de este proceso, entre ellos, Jean Piaget, quien planteó una propuesta centrada en el desarrollo evolutivo del individuo.

Desde otra perspectiva, la teoría psicológica de Vigotsky postula que la metodología y los principios del materialismo dialéctico proponen una nueva visión que permite explicar el origen y desarrollo de la conducta humana y la consciencia, particularmente desde el estudio de los fenómenos como procesos en desarrollo. Vigotsky (1978) considera más importante estudiar el proceso que el producto y emplea el materialismo histórico para exponer que es necesario entender lo individual para comprender las relaciones sociales del individuo.

Así, para explicar los procesos mentales superiores es necesario advertir que su origen parte de los procesos sociales. Vigotsky (1978) critica los estudios que se concentran en lo individual para explicar el desarrollo del pensamiento, subrayando que lo individual surge de lo colectivo (Ursini, 1996); retoma del marxismo el concepto de herramienta como artefacto mediador entre el hombre y la naturaleza, para entender dicha herramienta como el lenguaje, del cual se apropia el niño guiado por alguien más experto. Esta teoría, entendida por algunos como Teoría Sociocultural o Histórico-Cultural, sostiene que todas las funciones mentales superiores del individuo se originan en la vida social y, desde allí, cobra un papel esencial en la educación y el contexto de la escuela.

Dichas tesis son relativas, pues aunque buena parte de los procesos individuales se generen gracias a las interacciones sociales, también es cierto que su origen se remonta a la estructura genética: somos producto de los genes y de la cultura, y la sociedad se constituye a partir de las interacciones entre los individuos; basta con ver como hay sujetos que a pesar de contar con una inteligencia natural superior, carecen de las oportunidades culturales, de los medios económicos o de los avances científicos y tecnológicos para desarrollar su talento. De igual forma, hay sistemas culturales muy desarrollados que poco pueden ofrecer a individuos con un desarrollo ontogénico precario.

Una postura más integral es la expresada por la teoría del conocimiento de Morín (1994): "todo conocimiento contiene necesariamente a) Una competencia (Aptitud para producir conocimientos); b) Una actividad cognitiva (cognición) que se efectúa en función de esa competencia; c) Un saber (resultante de estas actividades)" (p. 20). Estos elementos necesitan del aparato cognitivo -el cerebro-, esa formidable máquina bio-físico-química que a su vez requiere de la existencia biológica del individuo y de las aptitudes cognitivas, que solo pueden desarrollarse en el seno de una cultura que ha producido, conservado y trasmitido un lenguaje, una lógica, un capital de saberes, de criterios de verdad (Morín, 1994, p. 20).

De acuerdo con lo anterior, el conocimiento se da en la intersección entre el individuo y la sociedad, y de esta forma se rompe la dicotomía entablada por Piaget y Vygotsky, pues se le entiende, sin duda, como "un fenómeno multidimensional en el sentido de que, de manera inseparable, a la vez es físico, biológico, mental, psicológico, cultural y social" (Morín, 1994, p. 20). Aunque es posible comprender su dinámica, el conocimiento de los seres humanos es complejo y se presenta en varias formas (teórico-práctico, consciente-inconsciente, científico-cotidiano, etc.), especialmente en un marco antropológico.

La Psicología Evolutiva se basa en el desarrollo físico e intelectual de los niños y jóvenes que comienza en el vientre materno. Sin desconocer los aportes socio-culturales de Vigotsky, los asume como complementarios a los de Piaget y, a partir de sus propuestas, plantea algunos estadios del desarrollo intelectual a través de observaciones en torno al proceso de maduración biológica y del aprendizaje.

Piaget observó las características del pensamiento infantil y las dividió en estadios, considerando que dichas etapas no se agotan en el tiempo establecido, sino que coexisten con las nuevas; por ejemplo, cuando un niño entra en el período pre-operacional continúa con su desarrollo sensorio-motriz, aunque la nueva capacidad de pensamiento sea predominante. De la misma forma, cuando ingresa al estadio de pensamiento formal no cesa el desarrollo de su pensamiento concreto, el cual se puede ir integrando a un sistema más comprensible de operaciones formales.

Los procesos de desarrollo del niño están determinados por factores genéticos y ambientales. Dentro de los elementos ambientales se encuentran la familia, la institución educativa y el entorno socio-cultural. Es bien sabido que las buenas pautas de crianza, el nivel de escolaridad de los padres, el tiempo de estudio, los ambientes escolares agradables y la satisfacción de las necesidades básicas contribuyen a un desarrollo adecuado. El análisis de factores asociados a la calidad de las Pruebas Saber así lo demuestran. El sistema educativo nacional se ha beneficiado de las investigaciones de Piaget sobre el proceso de desarrollo intelectual y, por ello, a continuación se tratarán los estadios del desarrollo cognitivo, destacando los rasgos del pensamiento matemático.

Estadio Sensorio-motriz

El desarrollo-sensorio-motriz es una condición crucial para la evolución de los sentidos, de la percepción, de la atención, de la memoria, del lenguaje, de la cognición y del componente socio-afectivo. Esta etapa abarca desde el nacimiento hasta los 2 años de edad y, aunque el desarrollo de los sentidos y del aparato motor está guiado por el programa genético, las condiciones del entorno favorecen o retrasan dicho proceso, de acuerdo con la calidad de los ambientes y de las experiencias propias del niño.

Al momento de nacer los sentidos se encuentran completamente desarrollados; a los seis meses el niño ha consolidado sus habilidades perceptivas básicas, mientras el aparato motor (huesos, músculos y cerebro) va adquiriendo las condiciones propicias para explorar el entorno, con cada vez mayor extensión, profundidad y dinamismo. Este desarrollo motor se observa en los movimientos de boca, ojos, manos, cabeza, piernas, pies y tronco.

Desde los movimientos primarios el bebé avanza hasta llegar al gateo y adquiere la posición erguida que le permite caminar lentamente para, en etapas posteriores, correr y trepar. Entonces alcanza los esquemas motores básicos que se hallan representados mentalmente por patrones motrices. Entre tanto, se han formado también los patrones perceptivos básicos, particularmente la diferencia perceptual entre sí mismo y el entorno y el reconocimiento del rostro humano, el cual percibe como una totalidad hasta que, a medida que desarrolla sus habilidades perceptuales, va discriminando las partes. Así mismo, va formando patrones perceptivos de los objetos del entorno.

Figura 7. Estudio sensorio-motriz

Nota. En esta etapa la motricidad y la percepción son cruciales para el desarrollo cognitivo y las habilidades sociales. Fuente: Elaborado por el autor

A la par con el desarrollo perceptivo y motor surge el de la atención, de la memoria, del lenguaje y de la cognición:

> Para Piaget el desarrollo intelectual se basa en la actividad constructiva del individuo, en su relación con el ambiente y en la necesidad del sujeto de adaptarse a los desequilibrios que encuentra en dicho ambiente (Echevarría, 2013, p. 1).

De los patrones perceptivos surgen los cognitivos, que inicialmente operan como totalidades indiscriminadas a partir de las cuales el niño puede reconocer sus partes en la medida que les manipula y observa; en este momento destaca la habilidad de la atención, que se desarrolla paulatina y simultáneamente con la memoria. Los primeros recuerdos son fugaces y se dan cuando el objeto desaparece, a esto se le ha llamado "la permanencia del objeto", es decir, la existencia del objeto aún cuando ha desaparecido de su presencia.

El avance permite que la memoria se haga más duradera, asociándose con el componente afectivo. El hecho de que hacia los siete meses el niño reaccione ante la ausencia de la madre o del cuidador, implica un grado de desarrollo de esta propiedad del sistema nervioso, encargada de guardar información y recuperarla; así, en la medida en que se repiten y viven nuevas experiencias, la memoria aumenta su duración.

El lenguaje es otra "facultad" que se desarrolla paulatinamente; los movimientos del cuerpo no solo son expresiones del desarrollo motor, sino del estado interno, formas de "lenguaje corporal". El lenguaje articulado inicia con pre-balbuceos, balbuceos y gorgoritos que se van transformando en formas silábicas, las cuales más tarde serán la base de la producción de las primeras palabras. Sin embargo, el principal rasgo en el desarrollo del lenguaje es la recepción, una cierta fase muda en la cual el niño va formando los patrones sonoros propios de la lengua materna mientras escucha los sonidos y conversaciones de los hablantes; a medida que las palabras adquieren sentido, desarrolla su sistema simbólico.

Por su parte, el desarrollo afectivo está ligado estrechamente al de la memoria y a los sentidos que van adquiriendo la madre y demás cuidadores. Es la interacción social la que, a través del lenguaje, potencia el desarrollo afectivo y, con éste, la cognición. En síntesis, esta primera fase del desarrollo sensorio-motriz es básica y crucial en la consolidación del pensamiento matemático, que está ligado fuertemente a la atención, la memoria, el lenguaje y la cognición; de la misma forma, en esta etapa se presenta una de las condiciones más importantes para el desarrollo ulterior del pensamiento matemático: la percepción de las formas de los objetos y de las distancias que los separan.

Estadio de operaciones concretas

El período inicia a los dos años y se extiende hasta los 12; durante esta fase el niño descubre las relaciones fundamentales entre las cosas y con ellas comprende y aprende a realizar operaciones matemáticas básicas entre objetos; al tiempo, va desarrollando paulatinamente su capacidad de abstracción. Este estadio se divide en dos períodos denominados: pre-operacional y operacional concreto.

Período pre-operacional

Esta primera fase incluye las edades entre los dos y los siete años; se caracteriza porque en ella el niño ya posee habilidades para interiorizar, mientras, al tiempo, inicia el desarrollo de las funciones simbólicas. Hay una representación significativa en el lenguaje, imágenes mentales, juegos simbólicos e invenciones imaginativas.

Sin embargo, a pesar del gran avance en el aspecto simbólico, la facultad de pensar lógicamente es muy limitada debido a la ausencia de reversibilidad, de la capacidad para invertir mentalmente una acción física a su estado original y, más aún, de la aptitud para reconocer operaciones inversas; a lo que se suma un bajo nivel de concentración, de la habilidad para retener mentalmente cambios en dos dimensiones al mismo tiempo, y un lenguaje y pensamiento egocéntrico que impide comprender y aceptar los puntos de vista de los demás.

Aunque estudios posteriores han caracterizado el desarrollo infantil exponiendo con mayor detalle los sub-procesos específicos, coinciden en muchos aspectos con las investigaciones de Piaget; dicho esto, es posible concluir que, si se construye con buenos cimientos, esta primera etapa es la base del edificio educativo, pues en ella el pensamiento del niño es nocional y dicotómico, lo cual favorece las operaciones mentales de caracterización, clasificación y seriación mediante la manipulación de objetos de su contexto. De allí que los niños puedan elaborar proposiciones que generalizan y ejemplifican.

En esta primera etapa escolar los niños hacen girar la realidad en torno a su propia actividad e identifican y manejan símbolos y signos que incorporarán a códigos convencionales. Además, tienen conciencia de la permanencia del objeto y de la importancia de sus cambios, hecho que posibilita trabajar las nociones físicas y matemáticas con procesos de transformación. Disponen de un pensamiento sincrético y analógico, lo cual significa que relacionan los elementos por yuxtaposición, perciben globalmente la realidad, establecen analogías sin realizar análisis y no efectúan deducciones, procediendo inductiva e intuitivamente.

Quienes atraviesan este ciclo poseen una inteligencia "práctica", por lo que conocen desde la experiencia personal y cotidiana; mientras evolucionan hacia la lógica adquieren paulatinamente el pensamiento causal que les facilita explicar los hechos y superar el subjetivismo y el egocentrismo intelectual que marcaba los momentos anteriores. De esta forma, diferencian mejor la separación entre el yo y el exterior, lo cual permite el contraste que dará paso al nuevo conocimiento del entorno, que se suma al desarrollo de la capacidad de atención y observación.

El período pre-operacional también se caracteriza porque sus participantes cuentan con una gran curiosidad intelectual que les lleva a preguntar insistentemente ¿por qué?, hasta los siete años, aproximadamente. Estos por qué están a mitad de camino entre la causa y la finalidad, configurándose como el inicio de una rápida comprensión de la relación causa-efecto y, en general, de la dinámica de los procesos.

Además, durante el paso por este ciclo los individuos desarrollan, aunque de forma elemental y ligada a sus experiencias mentales, una mejor concepción del espacio y del tiempo; dominan la motricidad fina y gruesa, el sentido de la lateralidad, su propio esquema corporal, corren, trepan, patean balones, desbaratan y arman juguetes sencillos. Al tiempo, adquieren aptitudes lecto-escritoras esenciales para posteriores aprendizajes, desarrollando funcionalmente el lenguaje que influirá fuertemente en la estructuración de su pensamiento; todo ello se favorece con lecturas de textos narrativos, descriptivos y expositivos, los cuales les permitirán desarrollar estados comunicativos a través de la secuencia de imágenes.

Los niños que atraviesan esta etapa disponen de los hábitos necesarios para vivir su socialización, la cual experimentan con agrado a través del juego, las rondas, la danza etc., pues entienden y respetan las normas de convivencia. Su proceso de socialización se amplía gracias a que se relacionan con los demás respetando reglas, pues manifiestan la capacidad de escuchar a los otros y de colaborar en el trabajo. También responden positivamente a la emulación y, con la colaboración de la familia, evolucionan hacia posturas de autonomía moral, aunque todavía dependen fuertemente de la condición heterónoma de sus sentimientos.

A pesar de que en mayor o menor grado los rasgos señalados pueden parecer muy comunes, la evolución propuesta no supone saltos bruscos de un estadio a otro, sino una maduración paulatina dentro del marco de un todo continuo en el que cada sujeto progresa en función de las condiciones externas e internas, de la experiencia derivada de la relación con el entorno y, especialmente, de la interacción social. Lo anterior implica para los docentes el compromiso con un conocimiento profundo de la naturaleza humana, especialmente del potencial de los niños de esta edad, y de la dinámica de procesos como el sensorio-motriz, el socio-afectivo y el cognitivo asociado al desarrollo del lenguaje y la memoria, pues la calidad de las experiencias de aprendizaje y de la riqueza de los ambientes es esencial para el desarrollo adecuado del pensamiento matemático.

Período de las operaciones concretas

Para Piaget esta etapa abarca desde los 7 hasta los 11 años de edad, momento en el que el niño presenta avances significativos en cuanto a su potencial de pensamiento lógico; es capaz de pensar en objetos físicamente ausentes pero no a partir de hipótesis previamente planteadas, pues su atención se dirige a los objetos antes que a las ideas. En esta fase maneja la reversibilidad, la clasificación, el ordenamiento de los objetos y la conservación de ciertas propiedades (número, cantidad) a pesar de los cambios en otras cualidades; además, retiene mentalmente dos o más variables cuando estudia los objetos y realiza experimentos mentales asimilando datos de una experiencia concreta, ordenándolos y reordenándolos en su mente.

En el contexto nacional este período agrupa a niños y preadolescentes con edades entre los 7 y los 11 años que usualmente se vinculan a los grados 2°, 3°, 4°, 5° y 6° de educación básica, en los cuales se trabaja con las operaciones matemáticas elementales. Los individuos de este período son capaces de reflexionar, interpretar y encontrar múltiples relaciones al conceptualizar; evidencian procesos de pensamiento inclusivo y exclusivo, pueden preguntar abiertamente al docente cuando quieren comprender algo y resolver activamente sus preguntas.

Durante la fase de operaciones concretas los niños disfrutan explorando algunos campos de saber, pueden ver las reacciones de otros a través de la lectura de sus propias necesidades y son capaces de ser flexibles y respetuosos frente a la diferencia; dan y reciben naturalmente y participan vivamente en metas grupales comunes. Sus juicios de valor observan otros puntos de vista y evidencian el autocontrol de impulsos cognitivos y motores; regulan sus emociones e impulsos hedonistas, resolviendo problemas asertivamente y planteando opciones a diversas situaciones. Son capaces de cuidarse de situaciones riesgosas para su integridad física, intelectual o social diciendo no, conscientes de los alcances positivos y negativos; además pueden cumplir con obligaciones y deberes diarios y semanales.

Luego del anterior repaso es claro que al profesor no le basta con entender los rasgos generales del período de las operaciones concretas, tiene la necesidad de reconocer los detalles particulares del desarrollo del pensamiento de los niños y adolescentes; con esto mente, es útil exponerlos a partir de una división en dos subgrupos: niños entre 7 y 9 años (de 2° a 4° grado aproximadamente) y preadolescentes de 10 a 12 años (de 5° a 7° aproximadamente).

En el ámbito nacional los niños entre 7 y 9 años de edad son capaces de utilizar operaciones lógicas que refieren situaciones concretas, y ya utilizan la reversibilidad en dichas rutinas. Inician su pensamiento hipotético-deductivo y tienen dominio de las convenciones simbólicas acordadas. Elaboran y re-elaborar de manera sistemática y jerarquizada conceptos:

> Los niños de estas edades centran su actividad académica en las relaciones y los afectos; encuentran que lo valioso de la escuela es la relación con sus compañeros, amigos y profesores, dando más valor a la amistad y al reconocimiento del otro (Infancias, 2003).

En este sentido, es posible afirmar que el niño tiene como radio de acción social el vecindario y la escuela, escenarios en donde busca ser reconocido por amigos y compañeros; se inclina por la autonomía y la exploración, manifestando curiosidad por su entorno, de allí que los procesos de enseñanza y aprendizaje fortalezcan la indagación y la experimentación. Durante esta etapa los procesos de aprendizaje son significativos en la medida en que ofrecen una gran cantidad de conocimientos nuevos que permiten al niño explicar el funcionamiento de los objetos, fenómenos y sucesos del mundo que le rodea.

La pre-adolescencia es un ciclo de fuertes cambios físicos, emocionales e intelectuales en el que los aprendizajes se dirigen hacia la indagación y experimentación; los preadolescentes elaboran y re-elaboran ordenada y sistemáticamente los conceptos más complejos, profundizan en la lectura interpretativa y en la producción de textos sencillos, siendo capaces de explicar el funcionamiento de los artefactos a partir de gráficos y modelos y de estimar y hacer conjeturas; para este momento comienzan a dominar las relaciones de proporcionalidad y de conversión de medidas, y a sistematizar las operaciones concretas para objetos reales y para la construcción de mundos posibles.

En el plano social, se destaca la fidelidad del individuo a su radio de relaciones más significativas y su perspectiva de la ciencia como construcción humana, con problemas sociales, económicos y políticos. Los preadolescentes tienden a encerrarse en sí mismos y por ello una de las mejores estrategias didácticas es propiciar el reconocimiento de sí mismo y de los otros. En este momento los jóvenes trabajan más vivamente la expresión corporal y gustan de los juegos al aire libre; en general son afines a la indagación y la experimentación, por lo que sus trabajos deben partir de contextos reales sociales y del mundo físico (SED, 2010, p. 11).

Estadio de operaciones formales

Esta etapa abarca las edades comprendidas entre los 13 y los 16 años; momento el cual los adolescentes desarrollan su pensamiento más allá de las experiencias concretas, revelando un mayor potencial lógico para realizar procesos de razonamiento abstracto e hipotético-deductivo, inducciones, deducciones, proposiciones lógicas y en la formulación resolución de problemas. Al tiempo, comprenden reglas generales que involucran muchos ejemplos particulares, para pensar teóricamente y generalizar acerca de los cambios de un fenómeno.

Ahora bien, a pesar de que un individuo entre los 13 y 16 años manifieste los anteriores rasgos del pensamiento formal, es importante que la escuela reconozca características más concretas de los estudiantes que pertenecen a este estadio, para diferenciarlos de quienes están terminando los estudios secundarios. Los adolescentes entre 13 y 15 años de edad (que cursan los grados 8° a 10°) definen sus intereses en favor de los del grupo, incluyendo a la red de amigos donde consiguen seguridad, y adoptan héroes o ídolos asociados a sus relaciones grupales. Sus nuevas inclinaciones confrontan los valores tradicionales y reaccionan con rebeldía ante ellos.

Al tiempo, los jóvenes se despiertan al sentido de sexualidad y se preocupan por su apariencia personal; desarrollan el pensamiento abstracto, crítico y reflexivo, llegando a realizar inferencias y predicciones de los hechos a partir de datos ya conocidos y de las leyes que los relacionan; trabajan la argumentación, la formalización de la indagación a través de la generalización o la ejemplificación, por lo que pueden ir de lo general a lo particular o de lo particular a lo general, manejando así la inferencia hipotético-deductiva y, en el plano práctico, utiliza materiales de laboratorio para sustentar ideas científicas.

Para este momento el adolescente realiza lecturas comprensivas del texto y su contexto, entendiendo la información textual, gráfica, de diagramas, planos y maquetas a escala; posee una sensibilidad estética que le permite expresarse fluidamente a través de la oralidad y realizar documentos audiovisuales. Al tiempo, es capaz de desarrollar procesos de sistematización de la información y, ante los fuertes cambios físicos y emocionales, busca fortalecer su autoestima, presentando mayores niveles de introspección, comprensión y razonamiento, comenzando así la identificación de campos vocacionales.

Por otra parte, los adolescentes que se encuentran en la etapa final de sus estudios de secundaria, entre los 15 y 17 años de edad (grados 10° y 11°), se caracterizan por enfrentar fuertes cambios intelectuales y psico-afectivos, debido a que cuentan con un mayor desarrollo de la capacidad reflexiva y de introspección. En esta fase existen muchas dudas alrededor del futuro laboral e intelectual, pues se acerca el momento de abandonar el colegio y dejar a los amigos de muchos años.

Los jóvenes de este ciclo elaboran argumentos para defender o interpelar una tesis, tienen juicios de valor sobre las formas y contenidos de un texto y son capaces de construir un ensayo que sustenta un punto de vista; cuentan con un grado alto o superior de pensamiento crítico y reflexivo, por lo que están capacitados para cuestionar el entorno social, económico, cultural y político. Han desarrollado plenamente valores como la autonomía, la responsabilidad y el respeto por sus deberes como estudiantes y personas. Consolidan su proyecto de vida profundizando en un campo del conocimiento y manifiestan una tendencia por la investigación y el desarrollo de la cultura escolar para el trabajo, contando con las destrezas para elaborar y aplicar un proyecto empresarial cualquiera (SED, 2010).

Para finalizar es importante resaltar que aunque los cambios descritos no ocurren necesariamente en los rangos de edad señalados, el contexto socio-cultural juega un factor decisivo en su consolidación. Lo importante es que el profesor comprenda la dinámica de los cambios psíquicos y físicos del niño y el joven y los emplee como marco de referencia para interpretar las líneas de desarrollo particular de cada uno de los estudiantes.

Estructura del área

Los docentes de matemáticas deben dominar debidamente la estructura conceptual de la materia para que les sea posible contribuir a la formación del pensamiento matemático de los estudiantes, el cual implica el desarrollo de habilidades básicas y la adquisición y comprensión de los conceptos básicos. Así, teniendo en cuenta el propósito del presente texto, a continuación se presentarán dos componentes que contribuyen con dicho objetivo: la estructura conceptual y las competencias matemáticas, para luego establecer un paralelo entre los dos componentes.

Estructura conceptual

La estructura conceptual del área de las matemáticas se plantea a partir de cinco campos de pensamiento descritos en los *Lineamientos curriculares* y en los *Estándares básicos de competencias* del Ministerio de Educación Nacional (MEN), los cuales se reestructuran en tres componentes: numérico-variacional; geométrico-métrico y aleatorio; una división que no busca separar las matemáticas en unidades discretas, sino facilitar un esquema de clasificación útil que describa el espectro total de los componentes matemáticos planteados en los estándares.

Aunque clasificar los ítems en una sola categoría de componente pueda resultar confuso, dicho proceso acerca al objetivo de asegurar que los conocimientos y habilidades matemáticas importantes se aprendan y se evalúen armónicamente (ICFES, 2012, p. 38); ello se vincula con el que debe ser el principal interés del docente: la integración del área sin desglosar la Matemática Escolar en asignaturas como Aritmética, Geometría, Álgebra o Estadística, y acentúa la conveniencia de eliminar la tendencia a fragmentar el conocimiento en áreas específicas, debido a que impide la visión del todo; justamente con este ánimo es que Morín planteó la educación del futuro a partir de la virtud cognitiva de Pascal:

> Todas las cosas siendo causadas y causantes, ayudadas y ayudantes, mediatas e inmediatas y todas sostenidas por una unión natural e insensible que liga

las más alejadas y las más diferentes, creo imposible conocer las partes sin conocer el todo, y tampoco conocer el todo sin conocer particularmente las partes (Pascal, citado por Morín, 1999, p. 16).

Así, a continuación se expone la estructura conceptual de cada uno de los tres componentes, buscando establecer una serie de relaciones entre ellos que facilite la labor docente, siempre empleando como referente principal los lineamientos del MEN para la aplicación de las pruebas.

Componente Numérico-variacional

Este componente aborda los conceptos desarrollados por la Aritmética y el Álgebra.

Indaga por la comprensión de los números y de la numeración, el significado del número, la estructura del sistema de numeración; por el significado de las operaciones, la comprensión de sus propiedades, de su efecto y de las relaciones entre ellas; por el uso de los números y las operaciones en la resolución de problemas diversos, el reconocimiento de regularidades y patrones, la identificación de variables, la descripción de fenómenos de cambio y dependencia; por conceptos y procedimientos asociados a la variación directa, a la proporcionalidad, a la variación lineal en contextos aritméticos y geométricos, a la variación inversa y al concepto de función (ICFES, 2012, p. 39).

Los anteriores contenidos implican el estudio del siguiente universo conceptual.

Tabla 6. Conceptos básicos de los componentes numérico y variaciona

Componente numérico	Componente variacional
Contexto numérico: conteo, comparación, medición, codificación, secuencias y patrones numéricos	Situaciones de variación: cambios y dependencias, constantes y variables
Relaciones numéricas: igualdad, mayor que y menor que	Expresiones algebraicas: términos, monomios, polinomios
Operaciones aritméticas: suma, resta, multiplicación, división, potenciación, radicación, logaritmación: Algoritmos y propiedades	Relaciones algebraicas: Equivalencias aritméticas y algebraicas. Ecuaciones: propiedades, representación gráfica

Componente numérico	Componente variacional
Proporcionalidad aritmética y geométrica, representación	Operaciones algebraicas: suma, resta, multiplicación, división, potenciación, radicación, logaritmación
Sistemas de numeración: sistema decimal, otros sistemas	Funciones: representación algebraica y geométrica
Clasificación de los números: Reales, enteros, racionales e irracionales	Funciones lineales Funciones exponenciales Funciones trigonométricas

Componente Geométrico-métrico

Este componente aborda los conceptos desarrollados por la geometría y los sistemas de medidas.

> Está relacionado con la construcción y manipulación de representaciones de los objetos del espacio, las relaciones entre ellos y sus transformaciones; más específicamente con la comprensión del espacio, el desarrollo del pensamiento visual, el análisis abstracto de figuras y formas en el plano y en el espacio a través de la observación de patrones y regularidades, el razonamiento geométrico y la solución de problemas de medición, la construcción de conceptos de cada magnitud (longitud, área, volumen, capacidad, masa, etc.), comprensión de los procesos de conservación, la estimación de magnitudes, la apreciación del rango, la selección de unidades de medida, de patrones y de instrumentos, el uso de unidades, la comprensión de conceptos de perímetro, área y volumen (ICFES, 2012, p. 40).

Los anteriores contenidos implican el estudio del siguiente universo conceptual.

Tabla 7. Estructura conceptual de los componentes métrico y geométrico

Componente geométrico	Componente métrico
Sistemas de referencia: dirección, distancia posición	Conteo y medición. Magnitudes: unidades de medidas
Líneas: clases, relaciones: paralelismo, perpendicularidad, oblicuidad. Ángulos: Tipos, medición	Longitud: instrumentos de medición. El metro, múltiplos y submúltiplos. Cálculos de distancias y de perímetros

Componente geométrico	Componente métrico
Superficies: clases, relaciones: paralelismo, perpendicularidad, oblicuidad	Área: medición. Cálculo de áreas de los patrones geométricos: círculo, triángulo, cuadrado, rectángulo, trapecio, paralelogramo, otros polígonos (regulares e irregulares)
Patrones geométricos: círculo, triángulo, cuadrado, rectángulo, trapecio, paralelogramo, otros polígonos (regulares e irregulares)	Volumen: medición. Cálculo de volúmenes de cuerpos geométricos: esfera, cubo, paralelepípedo, pirámide, cono
Transformaciones: traslación, rotación, reflexión (simetría), fragmentación, integración	Capacidad: medición, cálculos y relaciones
Homotecias: ampliación, reducción	Masa: instrumentos de medición. Unidad de medida: gramo, múltiplos, submúltiplos
Cuerpos geométricos: vistas, componentes: caras, aristas, vértices	Tiempo: instrumentos de medición. Unidades de medidas: segundo, minuto...
Patrones geométricos: esfera, cubo, paralelepípedo, pirámide, cono. Transformaciones: traslación, rotación, reflexión (simetría), fragmentación, integración	Dinero: unidades de medida
Homotecias: ampliación, reducción	Magnitudes combinadas: densidad, velocidad, flujo, energía

Componente Aleatorio

Este componente aborda los conceptos básicos desarrollados por la estadística descriptiva y la teoría de la probabilidad.

> Indaga por la representación, lectura e interpretación de datos en contexto; por el análisis de diversas formas de representación de información numérica, el análisis cualitativo de regularidades, de tendencias, de tipos de crecimiento, y la formulación de inferencias y argumentos usando medidas de tendencia central y de dispersión; y por el reconocimiento, descripción y análisis de eventos aleatorios (ICFES, 2012, p. 40).

Los anteriores contenidos implican el estudio del siguiente universo conceptual.

Tabla 8. Estructura conceptual del componente aleatorio

Componente aleatorio
Sistemas de datos: Tipos de datos, organización, estructura, representación (tablas y gráficas), interpretación
Datos cualitativos: Codificación, organización, representación, interpretación, análisis de frecuencias, moda, inferencias
Datos numéricos o cuantitativos: Codificación, organización, representación, análisis de frecuencias, interpretación
Medidas de tendencias centrales: Moda, media, mediana, rango medio. Representación, interpretación, inferencias
Medidas de dispersión: Desviación, rango, varianza, desviación estándar. Representación, interpretación, inferencias
Arreglos, representación, interpretación, tipos: condicionados, no condicionados
Posibilidad de ocurrencia, probabilidad, improbabilidad

Competencias matemáticas

Desde lo planteado por los *Lineamientos Curriculares* del MEN, el objetivo de la educación matemática es el desarrollo de competencias específicas del área, asociadas a la integralidad humana y definidas como: comunicación, modelación, razonamiento, planteamiento y resolución de problemas, elaboración, comparación y ejercitación de procedimientos. Sin embargo, en las Pruebas Saber las competencias se reagruparon así: el razonamiento y la argumentación; la comunicación, la representación y la modelación; y el planteamiento y resolución de problemas, las cuales implican, desde luego, la elaboración, comparación y ejercitación de procedimientos (ICFES, 2012).

El concepto de competencia fue adoptado en 1999 por la Unión Europea en la Declaración de Bolonia, cuando se reunió con el fin de potenciar a una Europa del conocimiento en la que "las Universidades del siglo XXI respondan de una manera eficaz a las necesidades generadas por una sociedad postindustrial, globalizada y basada en las nuevas tecnologías de la información" (Montero, 2010, p. 22), y, aunque en términos generales se ha entendido el concepto de competencia como el "saber hacer en contexto", éste se asocia a la comprensión, la intención, la relación humana y la transformación cualitativa de la realidad; por ello:

> [...] ser competente es saber hacer y saber actuar, entendiendo lo que se hace, comprendiendo cómo se actúa, asumiendo de manera responsable las implicaciones y consecuencias de las acciones realizadas y transformando los contextos en favor del desarrollo humano (Montenegro, 2003, p. 15).

En tal sentido, los *Lineamientos Curriculares* señalan que:

> El aprendizaje de las matemáticas posibilita al alumno la aplicación de sus conocimientos fuera del ámbito escolar, donde debe tomar decisiones, enfrentarse y adaptarse a situaciones nuevas, exponer sus opiniones y ser receptivo a las de los demás; mediante él los niños adquieren un conjunto poderoso de herramientas para explorar la realidad, representarla, explicarla y predecirla. En suma, para actuar en y para ella (MEN, 1998a).

La noción de competencia está asociada a la de educación integral y a la formación de seres humanos críticos; gira alrededor de un saber-hacer en un contexto socio-cultural con sentido ético y humanístico (Jurado, 2003) que, en las matemáticas, y en las ciencias en general, va acompañado de cambios en las acciones repetitivas en el aula, los cuales facilitan al profesor una puesta a tono con las constantes nuevas exigencias educativas de los jóvenes y parten de las perspectivas: constructivista, sistémica y crítica (Porlán, Rivero y Pozo, 1997). Así, desde visión constructivista se entiende que las personas:

> Poseen un conjunto de concepciones sobre el medio, en general, y sobre el medio escolar en particular. Estas concepciones y las conductas asociadas a las mismas pueden evolucionar a través de un proceso más o menos consciente de reestructuración y construcción de significados (Porlán, et al., 1997, p. 56).

Evolución que se puede acelerar si existen proyectos de investigación dirigidos o auto-dirigidos.

La perspectiva sistémica de Morín sostiene que tanto las ideas como la realidad objetiva son conjuntos de sistemas en evolución, los cuales tienen un grado de complejidad determinado por la cantidad, calidad e interacciones entre los significados que los constituyen; en este panorama se destaca el sistema cognitivo, entendido como el conjunto de esquemas de significado de cualquier persona, que define la investigación en la escuela a partir del propósito de construir sentidos progresivamente más complejos acerca de la realidad. Por su parte, la perspectiva crítica sostiene que las ideas, conductas y procesos comunicativos no son neutrales, y que justamente esto permite al profesor reflexionar críticamente sobre su actividad profesional y la forma en que asume posiciones cómodas en el ámbito de la escuela y de la sociedad en general.

Así, es clara la necesidad de que instituciones y maestros organicen los planes de estudio a partir de contextos que den significado, vida y uso a los conocimientos que son patrimonio de la cultura matemática global; por ejemplo, desde situaciones problémicas que agrupen distintas áreas del conocimiento; o, al interior del área, con una selección de temas de Geometría que funcione como eje articulador de los demás asuntos, que bien pueden formar una unidad al interior del área. Con esto en mente, se presentan las competencias a fortalecer en el área de Matemáticas: el razonamiento y la argumentación; la comunicación, representación y modelación; y el planteamiento y resolución de problemas.

El razonamiento y la argumentación

En los lineamientos de las Pruebas Saber (ICFES, 2012) las competencias asociadas al razonamiento y la argumentación están relacionadas:

> [...] entre otros, con aspectos como dar cuenta del cómo y del por qué de los caminos que se siguen para llegar a conclusiones, justificar estrategias y procedimientos puestos en acción en el tratamiento de situaciones problema, formular hipótesis, hacer conjeturas, explorar ejemplos y contraejemplos, probar y estructurar argumentos, generalizar propiedades y relaciones, identificar patrones y expresarlos matemáticamente y plantear preguntas, reconocer distintos tipos de razonamiento y distinguir y evaluar cadenas de argumentos (p. 38).

El razonamiento está relacionado con el proceso mental, mientras que la argumentación permite expresar el razonamiento para justificar un determinado proceso o resultado, una situación específica, un concepto o una teoría matemática. En el siguiente esquema se exponen los componentes de cada uno de ellos y sus relaciones.

Figura 8. Propiedades y relaciones del razonamiento y la argumentación

Razonamiento proceso mental	Argumentación expresión
Inductivo: Generalizar, inferir. **Deductivo:** Instanciar, probar, demostrar, comprobar, ejemplificar, contra ejemplificar, formular hipótesis. **Analógico:** Comparar: encontrar semejanzas. **Comparar:** encontrar diferencias **Analítico:** Identificar las partes de un todo **Sintético:** Integrar las partes al todo	- Plantear preguntas - Explicar por qué - Explicar cómo - Justificar procedimientos - Justificar respuestas - Probar una consecuencia - Demostrar una aseveración - Comprobar una verdad o resultado - Organizar secuencias de argumentos

La comunicación, representación y modelación

En los lineamientos de las Pruebas Saber (ICFES, 2012) las competencias asociadas a la comunicación, la representación y la modelación:

> Están referidas, entre otros aspectos, a la capacidad del estudiante para expresar ideas, interpretar, usar diferentes tipos de representación, describir relaciones matemáticas, relacionar materiales físicos y diagramas con ideas matemáticas, modelar usando el lenguaje escrito, oral, concreto, pictórico, gráfico y algebraico, manipular proposiciones y expresiones que contengan símbolos y fórmulas, utilizar variables y construir argumentaciones orales y escritas, traducir, interpretar y distinguir entre diferentes tipos de representaciones, interpretar el lenguaje formal y simbólico y traducir del lenguaje natural al simbólico formal (p. 38).

Los tres elementos de las competencias tienen como base el razonamiento y la argumentación, tal como se expresa en la siguiente figura.

Figura 9. Relaciones entre comunicación, representación y modelación

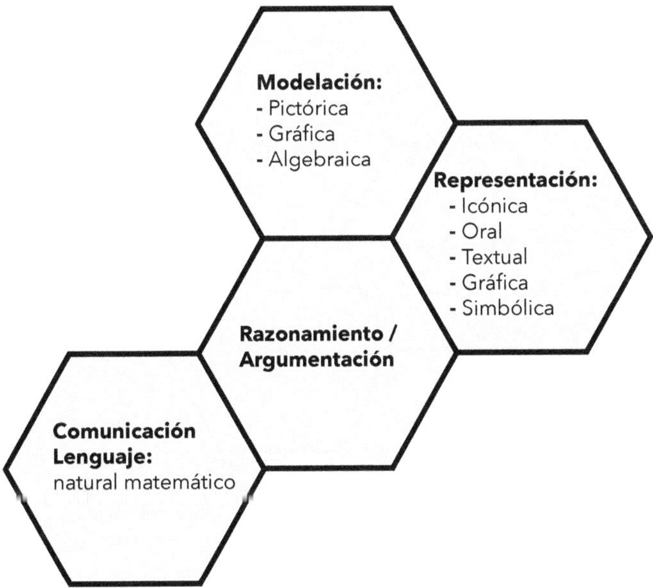

Nota. Con base en el razonamiento y la argumentación los conceptos o situaciones matemáticas se representan de distintas formas. La modelación es representación de regularidades. Ambas se potencian en la medida en que se comuniquen. Fuente: Elaborado por el autor

El planteamiento y resolución de problemas

En los lineamientos de las pruebas Saber (ICFES, 2012) las competencias asociadas al planteamiento y solución de problemas:

> Se relacionan, entre otros, con la capacidad para formular problemas a partir de situaciones dentro y fuera de las matemáticas, desarrollar, aplicar diferentes estrategias y justificar la elección de métodos e instrumentos para la solución de problemas, justificar la pertinencia de un cálculo exacto o aproximado en la solución de un problema y lo razonable o no de una respuesta obtenida, verificar e interpretar resultados a la luz del problema original y generalizar soluciones y estrategias para dar respuesta a nuevas situaciones problema (p. 38).

Bien sean situacionales o teóricos, el planteamiento de problemas requiere de contextos. La solución implica habilidades específicas y ambos componentes requieren del razonamiento, la argumentación, la representación, la modelación y la comunicación.

Figura 10. Planteamiento y solución de problemas

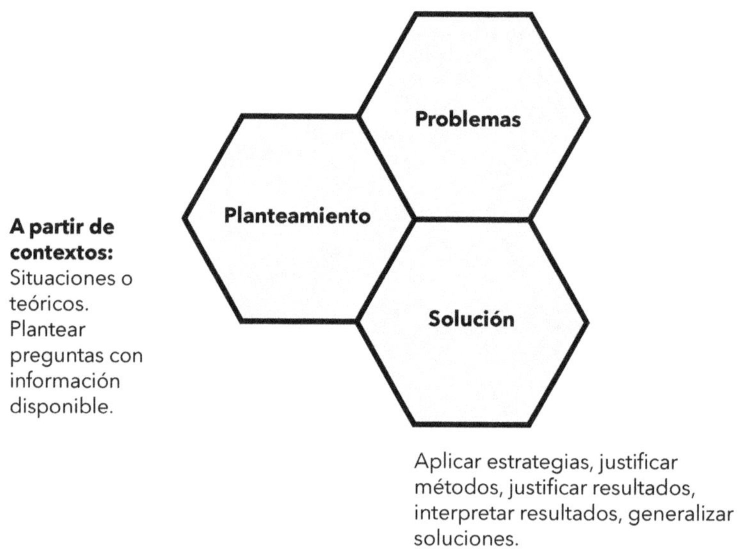

Nota. La competencia para plantear problemas requiere de contextos situacionales o teóricos. En la solución se usan habilidades específicas relacionadas con las otras competencias

Una de las principales tareas de las matemáticas es abordar situaciones problémicas a partir de contextos, con el fin de acercar al estudiante a situaciones de la vida cotidiana y al conocimiento científico de distintas disciplinas. En este sentido, vale la pena recordar a Bachelard cuando afirmó que: "todo conocimiento es una respuesta a una pregunta. Si no hay preguntas no puede haber conocimiento científico" (2009, p.16); así, toda situación problemática, investigación o problema, están revestidas de una pregunta cuya respuesta es un conocimiento.

Relación entre la estructura temática y las competencias

A continuación se expondrán una serie de tablas que relacionan las competencias matemáticas y los componentes temáticos para cada uno de los grados de la institución educativa, esperando que con ellas se facilite la integración del área en su interior. Las tablas de competencias toman como referentes los *Lineamientos curriculares en matemáticas* (MEN, 1998a), los *Estándares básicos de competencias en matemáticas* (MEN, 2003) y los *Derechos básicos del aprendizaje* (MEN, 2015).

Estructura del área por competencias de los grados de Preescolar: Pre-jardín, Jardín y Transición

Los *Estándares básicos de competencias en matemáticas* del MEN no definen competencias para el nivel de Preescolar, quizás porque el Ministerio busca abordar la formación por dimensiones de desarrollo antes que por áreas. Sin embargo, considerando que los niños de este ciclo tienen la capacidad de desarrollar competencias propias del área de matemáticas, se presenta una propuesta de competencias genéricas para este grado, muy relacionadas con cada una de las dimensiones.

Tabla 9. Competencias por dimensiones de la educación preescolar

Dimensión	Competencias
Socio-afectiva	Siente gusto por actividades de desplazamiento, seriación, clasificación, conteo y trazos geométricos
Corporal	Realiza desplazamientos por los contornos de figuras geométricas sencillas, al interior y al exterior de las mismas. Realiza conteos de distancias con pasos, palmas y otras unidades de medida corporal
Cognitiva	Realiza actividades de conteo, seriación, clasificación y trazos de figuras geométricas
Comunicativa	Verbaliza la forma como realiza las actividades de clasificación, seriación y conteo

Dimensión	Competencias
Estética	Siente placer por las regularidades geométricas que encuentra implícitas en el contexto en el cual se desarrolla Desarrolla con placer distintas actividades que implican secuencias de acciones o seguimiento de instrucciones
Espiritual	Intuye o siente algún nivel de trascendencia cuando realiza acciones propias que manifiestan un desarrollo de sus competencias
Ética	Utiliza en forma implícita sus nociones matemáticas para relacionarse apropiadamente consigo mismo, con los demás niños y con los adultos

Estructura del área por competencias y componentes de los grados 1 a 3

Tabla 10. Competencias matemáticas relacionadas con el componente numérico-variacional (Grados 1 a 3)

Comunicación	Razonamiento y argumentación	Resolución de problemas
Reconoce el uso de números naturales en diferentes contextos	Establece conjeturas acerca de regularidades en contextos geométricos y numéricos	Resuelve problemas aditivos rutinarios de composición y transformación, e interpreta condiciones necesarias para su solución
Reconoce equivalencias entre diferentes tipos de representaciones relacionadas con números	Genera equivalencias entre expresiones numéricas	Resuelve y formula problemas multiplicativos rutinarios de adición repetida
Construye y describe secuencias numéricas y geométricas	Usa operaciones y propiedades de los números naturales para establecer relaciones entre ellos en situaciones específicas	Resuelve y formula problemas sencillos de proporcionalidad directa
Usa fracciones comunes para describir situaciones continuas y discretas	Establece conjeturas acerca del sistema de numeración decimal a partir de representaciones pictóricas	

Nota. A la estructura conceptual del componente numérico variacional se asocian las competencias relacionadas con la comunicación, el razonamiento, la argumentación y la resolución de problemas.
Fuente: Elaborado por el autor

Tabla 11. Competencias matemáticas relacionadas con el componente geométrico-métrico (Grados 1 a 3)

Comunicación	**Razonamiento y argumentación**	**Resolución de problemas**
Describe características de figuras que son semejantes o congruentes entre sí	Establece diferencias y similitudes entre objetos bidimensionales y tridimensionales, de acuerdo con sus propiedades	Usa propiedades geométricas para solucionar problemas relativos al diseño y construcción de figuras planas
Establece correspondencia entre objetos o eventos y patrones o instrumentos de medida	Ordena objetos bidimensionales y tridimensionales de acuerdo con atributos medibles	Estima medidas con patrones arbitrarios
Identifica atributos de objetos y eventos que son susceptibles de medirse	Establece conjeturas que se aproximen a las nociones de paralelismo y perpendicularidad en figuras planas	Desarrolla procesos de medición usando patrones e instrumentos estandarizados
Ubica objetos con base en instrucciones referentes a dirección, distancia y posición	Establece conjeturas acerca de las propiedades de las figuras planas cuando sobre ellas se ha hecho una transformación (traslación, rotación, reflexión (simetría), ampliación, reducción)	
	Relaciona objetos tridimensionales con sus respectivas vistas	

Nota. A la estructura conceptual del componente métrico-geométrico se asocian las competencias relacionadas con la comunicación, el razonamiento, la argumentación y la resolución de problemas.
Fuente: Elaborado por el autor

Tabla 12. Competencias matemáticas relacionadas con el componente aleatorio (Grados 1 a 3)

Comunicación	Razonamiento y argumentación	Resolución de problemas
Clasifica y ordena datos	Describe tendencias que se presentan en un conjunto a partir de los datos que lo describen	Resuelve problemas a partir del análisis de datos recolectados
Describe características de un conjunto a partir de los datos que lo representan	Establece conjeturas acerca de la posibilidad de ocurrencia de eventos	Resuelve situaciones que requieren estimar grados de posibilidad de ocurrencia de eventos
Representa un conjunto de datos a partir de un diagrama de barras e interpreta lo que un diagrama de barras determinado simboliza		

Nota. A la estructura conceptual del componente aleatorio se asocian las competencias relacionadas con la comunicación, el razonamiento, la argumentación y la resolución de problemas. Fuente: Elaborado por el autor

Estructura del área por competencias y componentes de los grados 4 y 5

Tabla 13. Competencias matemáticas relacionadas con el componente numérico-variacional (Grados 4 y 5)

Comunicación	Razonamiento y argumentación	Resolución de problemas
Reconoce significados del número en diferentes contextos (medición, conteo, comparación, codificación, localización, entre otros)	Reconoce patrones numéricos	Resuelve y formula problemas aditivos de transformación, comparación, combinación e igualación
Reconoce diferentes representaciones de un mismo número	Justifica propiedades y relaciones numéricas expresadas gráfica y simbólicamente usando ejemplos y contraejemplos	Resuelve y formula problemas multiplicativos de adición repetida, factor multiplicante, razón y producto cartesiano

Comunicación	Razonamiento y argumentación	Resolución de problemas
Describe e interpreta propiedades y relaciones de los números y sus operaciones	Reconoce y genera equivalencias entre expresiones numéricas	Resuelve y formula problemas de proporcionalidad directa e inversa
Traduce relaciones numéricas expresadas gráfica y simbólicamente	Analiza relaciones de dependencia en diferentes situaciones	Resuelve y formula problemas que requieren el uso de la fracción como parte de un todo, como cociente y como razón
	Usa y justifica propiedades (aditiva y posicional del sistema de numeración decimal)	

Tabla 14. Competencias matemáticas relacionadas con el componente geométrico-métrico (Grados 4 y 5)

Comunicación	Razonamiento y argumentación	Resolución de problemas
Establece relaciones entre los atributos mensurables de un objeto o evento y sus respectivas magnitudes	Compara y clasifica objetos tridimensionales y figuras bidimensionales de acuerdo con sus componentes	Utiliza diferentes procedimientos de cálculo para hallar la medida de superficies y volúmenes
Identifica unidades estandarizadas y no convencionales apropiadas para diferentes mediciones, y establece relaciones entre ellas	Reconoce nociones de paralelismo y perpendicularidad en distintos contextos	Reconoce el uso de las magnitudes y de las dimensiones de las unidades respectivas en situaciones aditivas y multiplicativas
Utiliza sistemas de coordenadas para especificar localizaciones	Hace conjeturas y verifica los resultados de aplicar transformaciones a figuras en el plano	Utiliza relaciones y propiedades geométricas para resolver problemas de medición
	Describe y argumenta acerca del perímetro y del área de un conjunto de figuras planas, cuando una de las magnitudes se fija	Usa y construye modelos geométricos para solucionar problemas

Comunicación	Razonamiento y argumentación	Resolución de problemas
	Relaciona objetos tridimensionales y sus propiedades con sus respectivos desarrollos planos	
	Construye y descompone figuras planas y sólidos a partir de condiciones dadas	
	Identifica y justifica relaciones de semejanza y congruencia entre figuras	

Tabla 15. Competencias matemáticas relacionadas con el componente aleatorio (Grados 4 y 5)

Comunicación	Razonamiento y argumentación	Resolución de problemas
Clasifica y organiza la presentación de datos	Compara datos presentados en diferentes	Resuelve problemas que requieren representar datos relativos al entorno usando una o diferentes representaciones
Interpreta cualitativamente datos relativos a situaciones del entorno escolar	Hace arreglos condicionados o no condicionados	Resuelve problemas que requieren encontrar o dar significado al promedio de un conjunto de datos
Representa un conjunto de datos e interpreta signos gráficos de un conjunto de datos	Hace conjeturas acerca de la posibilidad de ocurrencia de eventos	Resuelve situaciones que requieren calcular la posibilidad o imposibilidad de ocurrencia de eventos
Hace traducciones entre diferentes representaciones		
Expresa el grado de probabilidad de un suceso		

Estructura del área por competencias y componentes de los grados 6 a 9

Tabla 16. Competencias matemáticas relacionadas con el componente numérico-variacional (Grados 6 a 9)

Comunicación	Razonamiento y argumentación	Resolución de problemas
Identifica características de gráficas cartesianas en relación con la situación que representan	Reconoce patrones en secuencias numéricas	Resuelve problemas en situaciones aditivas y multiplicativas en el conjunto de los números reales
Identifica expresiones numéricas y algebraicas equivalentes	Interpreta y usa expresiones algebraicas equivalentes	Resuelve problemas que involucran potenciación, radicación y logaritmación
Establece relaciones entre propiedades de las gráficas y propiedades de las ecuaciones algebraicas	Interpreta tendencias que se presentan en un conjunto de variables relacionadas	Resuelve problemas en situaciones de variación, y modela situaciones de variación con funciones polinómicas y exponenciales en contextos aritméticos y geométricos
Reconoce el lenguaje algebraico como forma de representar procesos	Usa representaciones y procedimientos en situaciones de proporcionalidad directa e inversa	
Describe y representa situaciones de variación relacionando diferentes representaciones	Reconoce el uso de propiedades y relaciones de los números reales	
	Desarrolla procesos inductivos y deductivos con el lenguaje algebraico para verificar conjeturas acerca de los números reales	

Tabla 17. Competencias matemáticas relacionadas con el componente geométrico-métrico (Grados 6 a 9)

Comunicación	Razonamiento y argumentación	Resolución de problemas
Representa y reconoce objetos tridimensionales desde diferentes posiciones y vistas	Argumenta formal e informalmente sobre propiedades y relaciones de figuras planas y sólidos	Resuelve problemas de medición utilizando de manera pertinente instrumentos y unidades de medida
Usa sistemas de referencia para localizar o describir la posición de objetos y figuras	Hace conjeturas y verifica propiedades de congruencias y semejanzas entre figuras bidimensionales	Resuelve y formula problemas usando modelos geométricos
Reconoce y aplica transformaciones de figuras planas	Generaliza procedimientos de cálculo para encontrar el área de figuras planas y el volumen de algunos sólidos	Establece y utiliza diferentes procedimientos de cálculo para hallar medidas de superficies y volúmenes
Identifica relaciones entre distintas unidades utilizadas para medir cantidades de la misma magnitud	Analiza la validez o invalidez de usar procedimientos para la construcción de figuras planas y cuerpos con medidas dadas	Resuelve y formula problemas que requieran técnicas de estimación
Diferencia magnitudes de un objeto y relaciona las dimensiones del mismo con la determinación de las magnitudes	Predice y compara los resultados de aplicar transformaciones rígidas (rotación, traslación y reflexión) y homotecias (ampliaciones y reducciones) sobre figuras bidimensionales en situaciones matemáticas y artísticas	

Tabla 18. Competencias matemáticas relacionadas con el componente aleatorio (Grados 6 a 9)

Comunicación	**Razonamiento y argumentación**	**Resolución de problemas**
Interpreta y utiliza conceptos de media, mediana y moda, y explicita sus diferencias en diferentes distribuciones	Hace conjeturas acerca de los resultados de un experimento aleatorio usando proporcionalidad	Usa e interpreta medidas de tendencia central para analizar el comportamiento de un conjunto de datos
Compara, usa e interpreta datos que provienen de situaciones reales, y traduce entre diferentes representaciones de un conjunto de datos	Predice y justifica razonamientos y conclusiones usando información estadística	Resuelve y formula problemas a partir de un conjunto de datos presentado en tablas, diagramas de barras y diagrama circular
Reconoce la posibilidad o la imposibilidad de ocurrencia de un evento a partir de una información dada o de un fenómeno	Calcula la probabilidad de eventos simples usando métodos diversos	Hace inferencias a partir de un conjunto de datos 4. Plantea y resuelve situaciones relativas a otras ciencias utilizando conceptos de probabilidad
Reconoce relaciones entre un conjunto de datos y sus representaciones	Usa modelos para discutir la posibilidad de ocurrencia de un evento	
	Fundamenta conclusiones utilizando conceptos de medidas de tendencia central	

Estructura del área por competencias y componentes de los grados 10 y 11

Tabla 19. Competencias matemáticas relacionadas con el componente numérico-variacional (Grados 10 y 11)

Comunicación	Razonamiento y argumentación	Resolución de problemas
Ordena los números y los representa en un intervalo	Analiza representaciones decimales de los números reales para diferenciar entre racionales e irracionales	Plantea y resuelve problemas utilizando las propiedades de los números racionales e irracionales
Reconoce la densidad e incompletitud de los números racionales, a través de métodos numéricos, geométricos y algebraicos	Compara y contrasta las propiedades de los números naturales, enteros, racionales y reales, y las de sus relaciones y operaciones	Plantea y resuelve problemas relacionados con técnicas de aproximación y límites de sucesiones
Utiliza las técnicas de aproximación en procesos infinitos numéricos	Establece relaciones y diferencias entre distintas notaciones de números reales, para decidir sobre su uso en una situación dada	Plantea y resuelve problemas relacionados con funciones trigonométricas, polinómicas, derivadas e integrales
Utiliza adecuadamente la composición de operaciones empleando las propiedades básicas	Analiza las relaciones y propiedades que operan entre las expresiones algebraicas y las gráficas de funciones polinómicas y racionales, y sus derivadas	
Modela situaciones de variación periódica con funciones trigonométricas e interpreta y utiliza sus derivadas		

Tabla 20. Competencias matemáticas relacionadas con el componente geométrico-métrico (Grados 10 y 11)

Comunicación	Razonamiento y argumentación	Resolución de problemas
Identifica en forma visual, gráfica y algebraica algunas propiedades de las curvas que se observan en los bordes obtenidos por cortes longitudinales, diagonales y transversales en un cilindro y en un cono	Identifica características de localización de objetos geométricos (especialmente de curvas y figuras cónicas) en sistemas de representación cartesiana y en otros (polar, cilíndrico y esféricos)	Resuelve problemas en los que se usan las propiedades geométricas de las figuras cónicas, por medio de transformaciones de las representaciones algebraicas de esas figuras
Reconoce las relaciones de paralelismo y ortogonalidad entre rectas	Usa argumentos geométricos para resolver y formular problemas relacionados con el área o el volumen de los distintos polígonos y cuerpos sólidos en distintos contextos	Resuelve problemas del contexto científico donde se utilizan magnitudes y unidades físicas (distancia, tiempo, peso, temperatura, densidad)
Interpreta la lectura y escritura de datos en notación científica	Diseña estrategias para abordar situaciones de medición que requieran grados de precisión específicos	
Establece equivalencias entre los distintos sistemas de medición		

Tabla 21. Competencias matemáticas relacionadas con el componente métrico-variacional (Grados 10 y 11)

Comunicación	Razonamiento y argumentación	Resolución de problemas
Expresa relaciones lineales	Interpreta la noción de derivada como razón de cambio y como valor de la pendiente de la tangente a una curva, y desarrolla métodos para hallar las derivadas de algunas funciones básicas en contextos matemáticos y no matemáticos	Resuelve problemas que involucran una variación de crecimiento polinomial y exponencial

Comunicación	Razonamiento y argumentación	Resolución de problemas
Representa gráfica del cambio	Reconoce situaciones del contexto científico donde predomina la periodicidad	Resuelve y formula problemas que involucran magnitudes cuyos valores medios se suelen definir indirectamente como razones entre valores de otras magnitudes: Velocidad media, aceleración media y densidad media
Calcula razones de magnitudes: Velocidad, aceleración, tasa de cambio, tasas de interés y densidades, mediante el uso de proporcionalidad directa e inversa		
Justifica resultados obtenidos mediante procesos de aproximación sucesiva, rangos de variación y límites en situaciones de medición		

Tabla 22. Competencias matemáticas relacionadas con el componente numérico-aleatorio (Grados 10 y 11)

Comunicación	Razonamiento y argumentación	Resolución de problemas
Reconoce de manera numérica y gráfica las operaciones entre conjuntos	Interpreta los conteos que utilizan principios de suma y multiplicación	Resuelve problemas de combinaciones y permutaciones en distintos contextos
	Interpreta conceptos de probabilidad condicional e independencia de eventos	

Tabla 23. Competencias matemáticas relacionadas con el componente métrico-aleatorio (Grados 10 y 11)

Comunicación	Razonamiento y argumentación	Resolución de problemas
Describe tendencias que se observan en conjuntos de variables relacionadas	Interpreta nociones básicas relacionadas con el manejo de información como población, muestra, variable aleatoria, distribución de frecuencia, parámetros y estadígrafos	Diseña experimentos aleatorios de las ciencias físicas, naturales o sociales para estudiar un problema o pregunta
Describe situaciones de azar y relaciones probabilísticas entre eventos complementarios o independientes	Utiliza comprensivamente algunas medidas de tendencia central y dispersión (percentiles, deciles, cuartiles, distancia, rango, varianza, covarianza, normalidad)	
Propone inferencias y conclusiones a partir del estudio de muestras probabilísticas	Utiliza técnicas de muestreo y realiza inferencias	
Justifica o refuta inferencias basadas en razonamientos estadísticos, a partir de resultados de estudios publicados en los medios de comunicación o diseñados en el medio escolar		

Didáctica de las matemáticas

Este segundo apartado debe comenzar por una breve descripción sobre distintas perspectivas acerca de la didáctica; de entre ellas, la visión epistemológica de la enseñanza de la matemática que se basa en la propuesta de la transposición didáctica, promulgada por Chevallard (1997), desde la cual emerge lo *antropológico*, en el sentido de que el conocimiento se evidencia como realidad cuando se hace consciente desde el sujeto. En otras palabras, sin desconocer que los objetos existen, solo son reales en la medida que tienen un significado para el estudiante (x). De tal suerte, no solo se tiene a un estudiante solitario (x) que busca que nazca en su consciencia un objeto (0), sino que junto al profesor (y) y a las diversas instituciones de la sociedad (I) construye un conocimiento dentro del marco de la cultura, con una historia determinada.

Por su parte, D´Amore (2006) señala que a pesar de la frecuente creencia en la afirmación de que la didáctica de la matemática tiene como propósito "Enseñar a enseñar", común entre 1950 y 1970, ésta también debe ser considerada una disciplina cuyo objetivo es investigar sobre las "problemáticas del aprendizaje con base en la experiencia de los colegas de las escuelas preuniversitarias y, junto con ellos, entenderlas", lo cual implica "crear dispositivos de investigación científicamente significativas que expliquen los fenómenos de lo ocurrido o de la falta de aprendizaje, en ámbito de investigación" (2006, p. 23).

Dicho lo anterior, es posible afirmar que, en general, las dificultades de aprendizaje tienen como causa principal la falta de significado para el estudiante de los objetos matemáticos. No sobra decir que, al tiempo, en el aprendizaje influyen muchas variables sociales y económicas de la cultura que funcionan para apoyar la construcción del conocimiento de los estudiantes. En consecuencia, explicar las didácticas específicas de las distintas ramas de la matemática es una empresa titánica imposible de asumir a partir de unos pocos libros. Mucho más específico resulta conocer las didácticas de las distintas nociones matemáticas como números enteros, ecuaciones, funciones, límites de funciones, etc.

En este sentido, la didáctica de la matemática también tiene por objeto identificar las estrategias para despertar en los estudiantes el deseo de aprender la disciplina en cada uno de sus campos y hacer del aprendizaje alfo fácil y efectivo. Por ello, en el presente texto se hará referencia a algunas estrategias que permitan allanar el camino para lograr el aprendizaje de los estudiantes.

Estrategias metodológicas

La enseñanza "influye en el pensamiento del alumno y el pensamiento del alumno influye en su aprendizaje y su rendimiento" (Wittrock, 1996, p. 542). Por ello, es posible afirmar que las estrategias metodológicas son secuencias integradas de procedimientos y recursos empleados por el profesor para desarrollar en el estudiante competencias dirigidas a la adquisición, interpretación re-significación y procesamiento de los conocimientos, de tal manera que sea posible la producción de nuevos saberes y su aplicación en la vida escolar, cotidiana y en las demás disciplinas científicas.

Dichas estrategias son aplicadas por el profesor para estimular la observación, el análisis, la formulación de hipótesis y, en fin, el desarrollo del pensamiento y del conocimiento en sus diferentes dimensiones (cognitiva, comunicativa, social, afectivo, físico-creativo, etc.). Las estrategias son las formas como se organizan las acciones para asegurar el éxito en el aprendizaje. Teniendo esto en cuenta es que se presentan a continuación algunas estrategias generales a partir de las cuales se facilitará al profesor prescribir actividades de aprendizaje y de evaluación con el apoyo en recursos didácticos apropiados.

Estrategias generales

En concordancia con el desarrollo del pensamiento de los estudiantes, es posible definir dos grandes estrategias: la inductiva y la deductiva. La primera es un camino que parte de lo concreto y avanza hacia lo abstracto; la segunda realiza el camino contrario: de lo abstracto a lo concreto.

> La deductiva busca la coherencia de las ideas entre sí; parte de premisas generales para llegar a conclusiones específicas. La inductiva procura la coherencia de las ideas con el mundo real; parte de observaciones específicas para llegar a conclusiones generales siempre provisorias, que va refinando a través de experiencias y contrastaciones empíricas (MEN, 1998, p. 23).

Figura 11. Caminos inversos

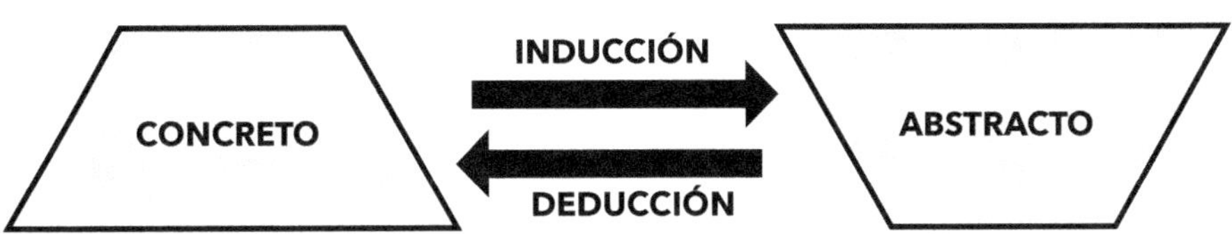

Nota. La inducción y deducción son caminos inversos que usamos a diario en nuestros procesos de razonamiento; por ello se convierten en estrategias de aprendizaje. Fuente: Elaborado por el autor

Estrategia inductiva

Mediante la estrategia inductiva los docentes de matemáticas organizan una secuencia de actividades para facilitar los procesos de abstracción a partir del trabajo con lo concreto. Es posible emplearla en los grados de Preescolar y primaria dado que (como ya se ha dicho) los niños tienen un pensamiento preferentemente concreto. La estrategia parte de juegos o manipulación de material concreto, a través del cual se identifican relaciones o se realizan operaciones (concretas). Por ejemplo, el niño puede jugar a organizar conjuntos o colecciones de objetos semejantes, como semillas de fríjol. A través de estas agrupaciones expresa verbalmente relaciones de igualdad, mayor que y menor que.

A medida que el estudiante es capaz de comprender las relaciones y de realizar operaciones, es posible avanzar a los niveles de representación. En el ejemplo, una vez ha realizado una cantidad de ejercicios que le permiten comprender las tres relaciones (>, <, =) le es posible pasar a niveles de representación cada vez más abstractos. El primer nivel es un esquema de lo concreto en el cual, en lugar de tener sobre el pupitre dos conjuntos, uno de cinco frijolitos y otro de tres frijolitos, los representa sobre papel: un grupo de cinco óvalos en la parte superior de la hoja y uno de tres en la inferior. En este nivel de representación se ejecutan distintos ejercicios, ya no con fríjoles reales sino con óvalos (fríjoles representados), a ellos se suman ejercicios de mayor que, menor que e igual que, y cuando el niño es capaz de efectuar distintos tipos de representaciones en este nivel simbólico, se pasa a un nivel más abstracto. La representación matemática: $3<5$, $5=5$, $5>3$.

Figura 12. Camino inductivo

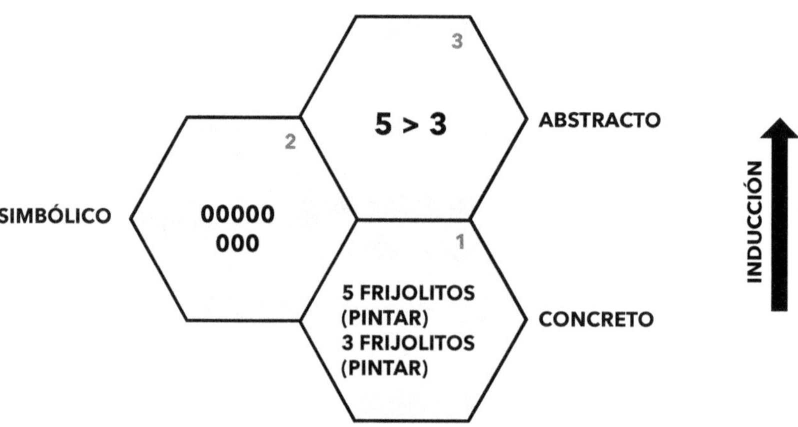

Nota. El camino inductivo se puede realizar en tres fases: concreto, simbólico y abstracto.
Fuente: Elaborado por el autor

En este camino inductivo es importante la verbalización. En el trabajo con el material concreto el niño debe describir la acción y luego resumir (también con palabras) el tipo de relación u operación realizadas. Esta verbalización continúa en la fase simbólica y luego en la puramente abstracta. A medida que se avanza en el proceso de abstracción, la verbalización usa más precisamente el lenguaje matemático.

Estrategia deductiva

La deducción es un camino de lo abstracto a lo concreto; sus procesos son usados por el alumno en la medida en que se van formado conceptos en su mente. Entre más conceptos y generalizaciones adquiera, los procesos deductivos se irán dando con mayor frecuencia. En síntesis, los estudiantes son capaces de aplicar la deducción a medida que desarrollan su pensamiento formal. Mediante la estrategia deductiva los docentes de matemáticas parten de generalizaciones para explicar o resolver casos concretos, por ello se comienza a implementar en la básica secundaria y, más frecuentemente, en la educación media.

La estrategia se origina en generalizaciones que bien pueden ser conceptos estandarizados, fórmulas matemáticas o algoritmos. Dichas generalizaciones abstractas se usan para explicar hechos o resolver casos que, en general, pueden mencionar la aplicación de las fórmulas de los sólidos regulares para calcular sus volúmenes; por ejemplo, el cálculo de área de un círculo de 4 metros de diámetro. En este caso:

— Se parte del modelo matemático del área del círculo.
$A = \pi r^2$
— Se reemplaza en el modelo el valor de las constantes y variables.
$A = 3{,}1416\,(2m)^2$
— Se realizan las operaciones y se obtiene la respuesta.
$A = 12{,}5664m^2$

Figura 13. Camino deductivo

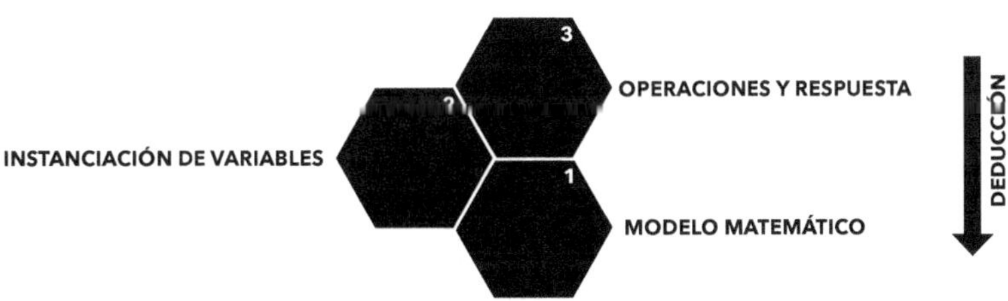

Nota. En la estrategia deductiva partimos de modelos matemáticos ya establecidos para interpretar la realidad. Fuente: Elaborado por el autor

Así como la verbalización es necesaria en la estrategia inductiva para facilitar la abstracción, también es conveniente dentro de la estrategia deductiva para enunciar los conceptos y explicar la forma como se aplican a la explicación de hechos o la solución de casos concretos. La verbalización en esta estrategia ya no es tan descriptiva como en la inducción, es más enunciativa y explicativa; su objetivo principal es manejar el lenguaje formal de la matemática en lenguaje natural.

Combinación de las dos estrategias

Dentro del desarrollo del pensamiento matemático es muy importante que la abstracción haya sido comprendida suficientemente mediante procesos inductivos para que la deducción sea comprensible y duradera. Esta es la forma de fortalecer la memoria lógica de los estudiantes. Si se pretende que un estudiante desarrolle un ejercicio de cálculo de áreas o de volúmenes sin comprender lo que significa la fórmula respectiva, se está forzando el uso de una memoria mecánica, de repetición, frágil porque tiene poca duración en el tiempo.

Es posible tomar como ejemplo el cálculo del volumen de una pirámide; para resolver este ejercicio aparentemente sencillo se deben comprender varios conceptos previos. Así, mediante procesos inductivos ha sido necesario entender con anterioridad los conceptos de línea, superficie y cuerpo geométrico; y diferenciar los conceptos de longitud, área y volumen como magnitudes (medidas). Al tiempo, es importante el desarrollo de habilidades de los estudiantes para calcular áreas de triángulos, cuadrados y de otros polígonos (al menos regulares), y tener claro el concepto de pirámide diferenciándolo del de cubo, paralelepípedo y prisma, pues no solo implica su concepción general como forma, sino sus componentes como base y altura.

La comprensión del volumen de una pirámide se deriva de entender el volumen del cubo, de un prisma o de un paralelepípedo. Mediante procesos inductivos se pueden armar modelos físicos (en greda o en madera) de un paralelepípedo del cual, mediante cortes, se extrae una pirámide; con las formas sobrantes se configuran otras dos pirámides semejantes. De esta manera se comprende que de un paralelepípedo es posible obtener 3 pirámides y que, por lo tanto, el volumen de una de ellas es la tercera parte del paralelepípedo con la misma Base y Altura.

Otra forma de comprender el concepto de manera inductiva es a partir de la fabricación de dos recipientes: una pirámide hueca y un paralelepípedo con la misma base y altura. La pirámide se llena de arena o de agua y se vierte en el recipiente del paralelepípedo. Así se puede comprobar que se necesitan tres volúmenes de la pirámide para llenar el paralelepípedo. Una vez consolidado el concepto de volumen de una pirámide, mediante la estrategia inductiva, será fácil la aplicación de su concepto y de su expresión matemática, "formula", para desarrollar un sinnúmero de ejercicios mediante la estrategia deductiva.

Cuando mediante procesos inductivos la mente del niño ha llegado a comprender varias fórmulas del volumen de los cuerpos geométricos más representativos, se hace posible que desarrolle una capacidad de abstracción de mayor nivel, como entender fórmulas de volúmenes de nuevos cuerpos geométricos mediante la explicación pura de la fórmula, esto es de manera deductiva, sin la necesidad de nuevos procesos inductivos, lo cual genera una economía de tiempo en los procesos de aprendizaje.

Lo anterior permite concluir que es necesario observar atentamente el proceso de desarrollo cognitivo del estudiante y, en especial, determinar cuándo es posible dar el salto de una estrategia inductiva a una deductiva para optimizar tiempos y potenciar el desarrollo intelectual de los alumnos. Pero, al tiempo, es necesario determinar cuándo regresar al uso de la inducción como estrategia, especialmente cuando se trata de nuevos temas o problemas que implican estructuras de solución diferentes a las que usualmente se han manejado. El uso alterno de la inducción y la deducción permite manejar la reversibilidad, una propiedad muy importante en el proceso de desarrollo del pensamiento lógico-matemático.

Como puede observarse, la combinación exitosa de las estrategias inductiva y deductiva implica un plan de estudios bien estructurado, en donde se avance de conceptos simples a conceptos complejos y en el que se comprenda la complejidad en términos de configuraciones elaboradas a partir de elementos sencillos.

Estrategias específicas

Las estrategias generales expuestas se asocian y complementan con estrategias específicas orientadas al desarrollo de las competencias propias del área. Por esto, a continuación se expondrán también estrategias relacionadas con: el razonamiento y la argumentación; la comunicación, representación y modelación y, finalmente, el planteamiento y resolución de problemas.

Estrategias para el razonamiento y la argumentación

El razonamiento y la argumentación son dos competencias específicas básicas para el desarrollo de las demás competencias del área; dos categorías distintas aunque relacionadas íntimamente. El término "razonamiento" se refiere a los procesos mentales implicados en el procesamiento de información con la cual se concatenan antecedentes con consecuentes para producir enunciados válidos desde esta disciplina formal. La argumentación parte del razonamiento pero tiene una dimensión comunicativa, en el sentido de que el estudiante explica en forma oral, o escrita, el sentido de un asunto matemático. Entendido como procesamiento de información realizada por el cerebro, el razonamiento es una secuencia de eventos mentales a manera de caminos o formas. De acuerdo con el tipo de ruta seguido, puede ser inductivo, deductivo, analógico, analítico y sintético.

Como ya se afirmó anteriormente, el razonamiento es inductivo cuando sigue un camino de lo concreto a lo abstracto, y es deductivo si la ruta es la contraria. El razonamiento analógico es un procesamiento de información basado en las semejanzas o analogías entre dos entidades, bien sean objetos, situaciones, procesos o conceptos. En el razonamiento analítico, el procesamiento de la información sigue un camino del todo a las partes, y en el sintético toma la vía contraria.

Por su parte, la argumentación es una categoría relacionada con la socialización o expresión del razonamiento, esto es, la justificación del estudiante ante otro u otros del por qué de un concepto, un principio, un procedimiento, una conclusión o un resultado determinado. Son acciones argumentativas, probar, demostrar o comprobar una "verdad" matemática. La prueba o demostración, en matemática, es una secuencia de argumentos enunciados en forma deductiva para demostrar una nueva afirmación o "verdad".

Por ejemplo, en Geometría se demuestra mediante teoremas que el volumen del cilindro es un tercio de su base por altura. La prueba es una actividad fáctica para obtener un resultado concreto asociado a una generalidad. En el mismo ejemplo, la comprobación del volumen del cilindro se haría construyendo un recipiente cónico y otro cilíndrico con las mismas bases y alturas. Se llenaría el cono con algún fluido que luego se vertería en el cilindro. Al llenar el cilindro con tres volúmenes del cono se estaría determinando que el volumen del cono es la tercera parte del volumen del cilindro o que el volumen del cilindro, es tres veces el volumen del cono. Se denomina comprobación porque si la situación se repite con medidas distintas, pero conservando iguales las bases y alturas de los dos cuerpos, siempre se obtendrá una relación de volúmenes de 1:3 entre conos y cilindros.

También son acciones argumentativas generalizar y ejemplificar. La generalización es el hallazgo de regularidades entre objetos, situaciones o procesos y sigue un camino desde los hechos hacia la teoría (regularidades), mientras la ejemplificación sigue la ruta contraria.

Lo expuesto anteriormente permite concluir que el razonamiento implica reversibilidad del pensamiento, es decir, pensar en una vía y en la contraria: inducir-deducir, sintetizar-analizar, generalizar-particularizar. Como el razonamiento es el ejercicio mental y la argumentación la explicitación de los argumentos, en la práctica pedagógica estas competencias se evidencian por la argumentación. Ahora bien, con el fin de comprender mejor estos dos conceptos, a continuación se ilustrarán algunas aplicaciones en los tres componentes temáticos del área: numérico-variacional, geométrico-métrico y aleatorio (estadístico).

El razonamiento y la argumentación en el componente numérico-variacional

En este componente el estudiante razona y argumenta en la medida en que es capaz de justificar y comprender relaciones de orden, operaciones básicas, funciones y ecuaciones de distinto orden. También se da en términos de que es capaz de: comprender una expresión algebraica como una generalidad de la aritmética; aplicar las operaciones matemáticas para resolver situaciones prácticas; establecer analogías entre relaciones y entre operaciones; practicar el análisis en la descomposición de un número en sumandos o en factores; practicar la derivación y si, mediante la síntesis, comprende que algunas operaciones son formas abreviadas de otras, como el caso de la multiplicación, la sumatoria o la integral.

El razonamiento y la argumentación en el componente geométrico-métrico

El campo geométrico-métrico es propicio para el ejercicio del razonamiento inductivo en la comprensión de los conceptos básicos y de las fórmulas para encontrar perímetros, áreas o volúmenes de distintas figuras y cuerpos geométricos; también para ejercitar el razonamiento y la argumentación deductiva en la aplicación de estas fórmulas a distintas situaciones reales o hipotéticas. Al tiempo, se puede emplear el pensamiento analógico para establecer semejanzas y diferencias entre las figuras y cuerpos y entre los distintos procedimientos de cálculo. El pensamiento analógico es muy importante para establecer relaciones matemáticas entre los múltiplos y submúltiplos de los patrones de medida del espacio, la masa, el tiempo y el dinero. En los sistemas de medidas también se pueden realizar ejercicios de análisis y síntesis.

El razonamiento y la argumentación en el componente aleatorio

En este componente el razonamiento y la argumentación se aplican en la comprensión, mediante procesos inductivos, de los conceptos básicos relacionados con la estadística descriptiva y la probabilidad. La deducción ocurre en la aplicación de las fórmulas para calcular medias, desviaciones estándares y otras medidas de tendencia central. Así mismo, se ejercita el razonamiento analógico para comparar estructuras de datos. El pensamiento analítico se ejercita en la comprensión de tablas y gráficos relacionados con información estadística, mientras que la síntesis se trabaja mediante la elaboración de tablas y gráficos.

Estrategias para comunicación, representación y modelación

Existe una relación tríadica entre estos elementos de competencia: La comunicación ocurre en los humanos como intercambio de información para solucionar todo tipo de necesidades; mientras que el lenguaje natural es la materia prima del pensamiento y de la comunicación. En la medida en que las Matemáticas se fueron constituyendo como un cuerpo de conocimiento, se fue configurando una forma especial del lenguaje: el lenguaje matemático, formal, que representa regularidades, favoreciendo la economía de memoria y de los procesos de pensamiento. En este sentido, el lenguaje formal es la representación de un conocimiento condensado que se ha venido estandarizando a través del tiempo.

En sí mismo el lenguaje natural es un sistema de representación de conocimiento. Buena parte de sus expresiones son polisémicas. Entre tanto, el lenguaje matemático es mono-sémico aunque posee también semántica y sintáctica, es un lenguaje estandarizando a través del desarrollo histórico de la disciplina; por eso la formación matemática implica la apropiación, comprensión y aplicación de este lenguaje formal para representar y expresar diversos fenómenos de la realidad.

De acuerdo con lo anterior, existe una relación biunívoca entre representación y comunicación. En la medida en que nuestras representaciones sean precisas, así será la comunicación, pues mediante la comunicación aprendemos a representar la realidad en lenguaje matemático.

La modelación es un proceso inductivo de elaboración de modelos como representaciones de sistemas referidos a la realidad. Los modelos se expresan como fórmulas matemáticas y sirven de base para la aplicación de casos concretos; al tiempo, implica entonces a la representación y la comunicación.

Figura 14. Relaciones entre comunicación, modelación y representación

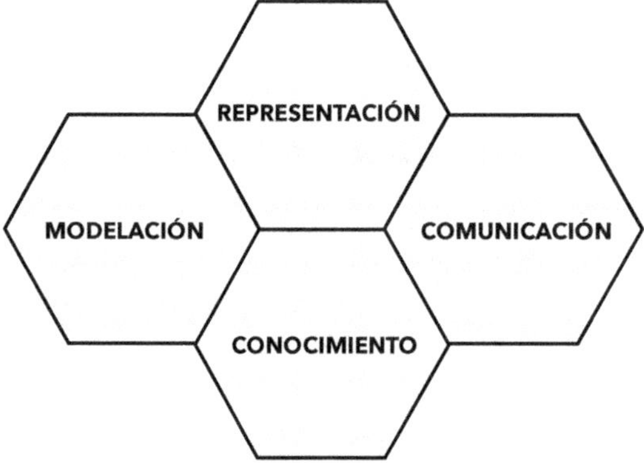

Nota. Mediante la comunicación compartimos información, la modelación permite representar. Los tres componentes contribuyen al conocimiento. Fuente: Elaborado por el autor

Lo anterior tiene profundas implicaciones didácticas, puesto que es posible alternar los tres elementos de competencia de manera distinta o usarlos simultáneamente en cada una de las unidades de trabajo académico. Ahora bien, con ello en mente, y para comprender más apropiadamente la comunicación, la representación y la modelación, se ilustrarán a continuación algunas aplicaciones en los tres componentes temáticos del área: numérico-variacional, geométrico-métrico, y aleatorio (estadístico).

La comunicación, la representación y la modelación en el componente numérico-variacional

Es muy importante que los niños expresen de manera oral y escrita los conceptos asociados con las relaciones y operaciones aritméticas, así como las ecuaciones y funciones algebraicas y, en ellas, el comportamiento de las variables. La explicitación de los algoritmos es necesaria para su comprensión, pues a través de estos procesos comunicativos van aprendiendo los códigos del lenguaje matemático y su sintaxis; esto es, la forma como se organizan para otorgar sentido a las proposiciones.

Mediante procesos inductivos los niños aprenden los modelos matemáticos que representan las relaciones y las operaciones aritméticas y algebraicas. El razonamiento inductivo implica la necesidad de que los estudiantes comprendan los sistemas de ecuaciones de distinto orden y la realidad que representan. Los modelos, comprendidos de manera inductiva, pueden ser aplicados por los alumnos para la entender innumerables casos de la realidad.

La comunicación, la representación y la modelación en el componente geométrico-métrico

El manejo de lo geométrico y métrico implica que los alumnos sean capaces de expresar en forma oral y escrita (en lenguaje natural y matemático) los conceptos relacionados con espacio, masa, tiempo, energía y dinero; así como los procedimientos para realizar cálculos. La comunicación implica la representación, en lenguaje formal, de las distintas magnitudes y modelos matemáticos para efectuar cálculos de longitud, áreas y volúmenes. En este sentido, resulta es importante la representación de las expresiones algebraicas y geométricas de los distintos sistemas de medidas. Desde luego, para asegurar su comprensión, buena parte de estos modelos han de ser aprendidos mediante procesos inductivos (modelación).

La comunicación, la representación y la modelación en el componente aleatorio

En este componente es necesario fortalecer las competencias comunicativas de los estudiantes, propiciando la expresión y socialización de conceptos relacionados con el tema, de los procedimientos para organizar la información y los análisis para realizar cálculos estadísticos. En este sentido, es muy conveniente que la obtención de fórmulas para establecer medidas de tendencia central y de otro tipo de cálculos se efectúe mediante la estrategia inductiva, para garantizar la comprensión de los modelos matemáticos respectivos, y facilitar así la representación escrita del lenguaje formal asociado a la estadística descriptiva y al comportamiento aleatorio de distintos eventos de la realidad.

Estrategias para planteamiento y resolución de problemas

Los Lineamientos del MEN para la aplicación de las Pruebas Saber señalan que las competencias para plantear y resolver problemas:

> Se relacionan, entre otros, con la capacidad para formular problemas a partir de situaciones dentro y fuera de las matemáticas, desarrollar, aplicar diferentes estrategias y justificar la elección de métodos e instrumentos para la solución de problemas, justificar la pertinencia de un cálculo exacto o aproximado en la solución de un problema y lo razonable o no de una respuesta obtenida, verificar e interpretar resultados a la luz del problema original y generalizar soluciones y estrategias para dar respuesta a nuevas situaciones problema (ICFES, 2012, p. 38).

En el sentido estricto, un problema matemático es una situación teórica-formal, aún no resuelta por la comunidad científica de investigadores, que busca un nuevo conocimiento. Plantear un problema de este nivel requiere de un dominio profundo de las matemáticas y, de manera particular, de un campo específico de la disciplina objeto de estudio. Para resolver este tipo de problemas se requiere de un proceso de investigación.

La situación es distinta en los procesos educativos. En la docencia en matemáticas es común denominar "problema" a ciertos ejercicios, que se refieren a situaciones hipotéticas o imaginarias en las que se pide al estudiante que resuelva una determinada pregunta entregándole información relacionada. Por ello, en este apartado se presentarán estrategias para el planteamiento y solución de este tipo de "ejercicios-problema" (E-P), pero también se hará un recorrido por la concepción de "problema matemático" desde una perspectiva didáctica, en tanto situaciones prácticas a resolver desde el dominio de las matemáticas.

Dicho esto, es importante resaltar que, aunque es común que los docentes en matemáticas centren sus esfuerzos en la solución de problemas porque en apariencia es lo más práctico, en este libro se quiere llamar la atención sobre la necesidad de dar relevancia al planteamiento de problemas, precisamente porque se busca fortalecer la idea del razonamiento como un ejercicio de reversibilidad del pensamiento y porque con ella es posible potenciar la creatividad de los estudiantes; por ello se expondrán algunas estrategias para plantear y resolver problemas.

Estrategias para plantear problemas

En el contexto de la práctica pedagógica plantear un problema es preguntarse por la respuesta a un interrogante de naturaleza matemática, por el camino para hallar esta solución o por la información requerida. Dentro de la categoría de E-P hay tres formas de efectuar el planteamiento, la más sencilla es tomar un E-P existente y modificar datos; la segunda es describir una situación hipotética o imaginaria para, a partir de ella, plantear los problemas posibles, y la tercera es presentar una situación real, para, a partir de ella, solicitar a los estudiantes la formulación de problemas reales.

Planteamiento de problemas por modificación de E-P existentes

Un E-P ofrece información de entrada y una pregunta dentro de un contexto situacional. Los docentes pueden partir de uno de ellos y pedir a los estudiantes que modifiquen la información de entrada, la pregunta o el contexto, conservando la estructura lógica del E-P. También pueden sugerir el planteamiento de un E-P análogo en una situación diferente, por ejemplo:

> En un apartamento de la ciudad viven tres hermanitos con sus dos padres: Mariana, Roberto y Valeria. El recibo de energía de marzo registraba: Consumo: 184KW/h. Valor consumo: $126.000. De acuerdo con esta factura, ¿cuál es el valor del KW/h?

Después de resolver el anterior E-P, sería posible indicar a los estudiantes que modifiquen los datos del problema; entonces cambiarían los datos numéricos. También se podría indicar que agreguen datos y se planteen una pregunta, entonces podrán agregar los valores de un mes y preguntar por la variación del precio o del consumo. Al tiempo, se podría pedir que planteen otra duda con sentido matemático; allí preguntarían por el consumo promedio por persona. O sería posible indicar al estudiante que cambie la situación, y tendría la opción de cambiar los datos de la familia y del sitio. Finalmente, se puede solicitar que planteen un problema similar pero con el recibo del agua, del gas o del teléfono.

Planteamiento de problemas a partir de situaciones hipotéticas

Es posible presentar una situación hipotética a los estudiantes y solicitarles que formulen problemas; por ejemplo:

> Situación: En un patio horizontal hay dos postes clavados verticalmente, uno de 18 metros y el otro con una altura desconocida. En un día de sol, a cierta hora, la sombra del primer poste es de 12 metros y del segundo de 10 metros.

Figura 15. Situación para plantear problemas

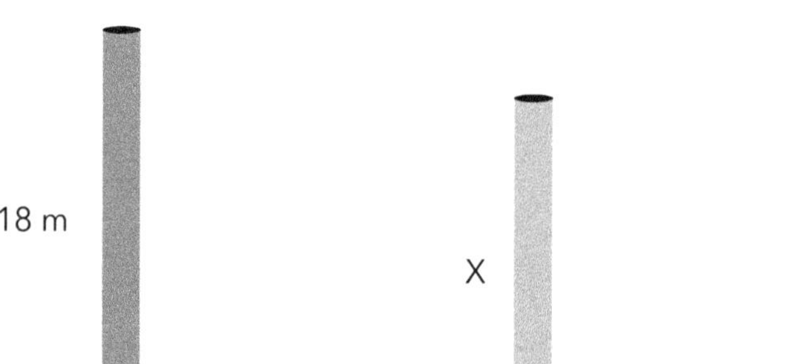

Al pedir a los estudiantes que formulen problemas matemáticos a partir de esta situación, podrían basarse en los anteriores datos y preguntar por la altura del segundo poste, por el ángulo de incidencia sobre el piso en alguno de los dos postes, por el ángulo interno formado por el rayo del sol y la punta de uno de los postes, por el ángulo externo o por la distancia que recorre el rayo entre la punta de uno de los postes y el piso. También se puede solicitar a los estudiantes que escriban más datos o que describan situaciones análogas para que, a partir de ellas, formulen nuevos problemas.

Planteamiento de problemas sobre situaciones reales

Con este tipo de cuestiones el estudiante aprende a plantear problemas matemáticos prácticos y, para ello, se le sitúa en un entorno o ante una situación determinada y se le solicita que plantee un problema con cierto criterio; por ejemplo:

Situación 1. El niño dentro del salón de clase

En esta situación se puede solicitar al estudiante que plantee un problema empleando el cálculo numérico. Entonces podrá preguntarse por la cantidad de pupitres que hay en el salón, por la cantidad de niños que faltan, de libros que tiene un grupo de compañeros o por el valor de cierta colección de objetos, etc. También se le puede interrogar por los datos necesarios para un cálculo determinado o por el camino para encontrar una solución, o solicitar que plantee un problema de cálculo de longitudes, con lo cual podrá preguntarse por el perímetro de la tapa del pupitre, del piso, de la carátula de un libro, etc.

Al tiempo, se puede plantear una pregunta acerca de la medición mínima necesaria para calcular el perímetro del piso; o, en el evento de que éste sea rectangular, por el dato adicional que requiere para determinar el volumen si cuenta con los datos del largo y del ancho. Por último, se puede solicitar al estudiante que plantee un problema de cálculo de volúmenes y, entonces, podrá preguntarse por el volumen que ocupa un determinado libro, el cajón de un escritorio, etc.

Situación 2. Los estudiantes en el patio de recreo

En este entorno se puede solicitar al estudiante que plantee problemas similares a los de la situación anterior. Hay un sinnúmero de situaciones hipotéticas que permitirán a los estudiantes formular problemas matemáticos, como los espacios del colegio, de la casa o los distintos escenarios dentro de una salida pedagógica. Es muy importante que, en lo posible, cada desarrollo temático del área permita a los alumnos plantear y resolver problemas prácticos.

Estrategias para resolver problemas

La resolución de problemas implica una macro-competencia que contiene razonamiento, argumentación, comunicación, representación, modelación y, desde luego, un plan estratégico para encontrar la solución. La solución de problemas ha sido estudiada desde diversas disciplinas, dado que el avance de la ciencia, de la tecnología, de la economía y de otros campos relacionados con la supervivencia, ocurre como acto sucesivo de solución de problemas mediados por procesos investigativos.

Desde la perspectiva didáctica la solución de problemas matemáticos también ha sido considerada por varios investigadores, destacándose las propuestas de Polya (1981) y de autores como Mason, Burton, Stacey, Wertheimer, Duncker, Bransford y Stein (Hernández y Socas, 1994), quienes definen sus estrategias como una serie de pasos que contienen modos de razonamiento y representación. A continuación se presentará una estrategia general basada en las tesis de Polya, que se complementa por con aportes de los demás autores citados y con los elementos conceptuales desarrollados en este libro. La estrategia es una secuencia de cuatro pasos: comprensión del problema, definición de uno o más caminos de solución, ejecución de un plan y verificación de la solución.

Tabla 24. Pasos de la estrategia basada en modelo Polya

Etapa	Descripción
Comprensión del problema, representación	Identificar la información disponible, la pregunta; establecer relaciones entre la pregunta y la información disponible. Representación matemática
Definición de un plan	Definición de una o más rutas para encontrar respuesta a la pregunta: secuencia de operaciones. Si hay más de una ruta, se elige la mejor
Desarrollo del plan	Desarrollo de cada una de las operaciones previstas en la ruta
Verificación de la solución	Comprobación de la solución con respecto a los datos del problema: operaciones inversas al plan

Nota. Esquema de una estrategia de solución de problemas, basado en el modelo Polya (1981)

Comprensión del problema

La comprensión del problema es la base para hallar la solución; requiere de una lectura cuidadosa de su enunciado e implica el manejo de los conceptos que subyacen a su estructura. Un estudiante comprende un problema cuando es capaz de identificar la pregunta y la información disponible. En ello juega un papel importante el empleo del razonamiento sintético y de la representación. El ejercicio de síntesis consiste en organizar la información expresada como datos matemáticos y, en general, cada dato se expresa como una constante y una variable.

Dependiendo de la naturaleza del problema se pueden realizar formas gráficas, aritméticas, geométricas y algebraicas.

El estudiante ha comprendido el problema cuando es capaz de representarlo adecuadamente y diferencia en esa representación la información disponible de la pregunta o la información requerida. Esto le permite generar enunciados con distinta sintaxis pero conservando la unidad semántica. Así, es posible ilustrar este primer paso de la comprensión a partir de un ejemplo que parte de uno de los problemas que se puede desprender de una de las situaciones expuestas anteriormente; por ejemplo:

> En un patio horizontal hay dos postes clavados verticalmente, el primero, de 18 metros y el segundo de una altura desconocida. En un día de sol, a cierta hora, la sombra del poste mayor es de 12 metros y la del menor de 10 metros ¿Cuál es la altura del segundo poste?

La forma primaria de comprender este problema es imaginar el contexto y ubicar los elementos que proporcionan información matemática. Se puede preguntar a los estudiantes por el sitio al que se hace referencia, qué hay en ese patio y cuáles son las condiciones meteorológicas. Es muy importante iniciar con esta *fase oral* en donde tienen la oportunidad de explicar verbalmente que se trata de un patio en donde hay dos postes verticales de distinta altura. Es necesario verificar que los estudiantes comprendan los conceptos implícitos en el enunciado del problema, como la "horizontalidad" y la "verticalidad". En esta fase oral se puede pedir a los estudiantes que expresen la situación con sus propias palabras, desde enunciados que emplean distintos términos palabras pero con el mismo significado.

Una vez suplida la parte oral se pasa a la representación gráfica, construyendo un esquema que permita presentar los datos facilitados por el problema y por la incógnita. Es importante que la representación sea elaborada por los propios estudiantes con la guía del profesor.

Figura 16. Representación geométrica del problema

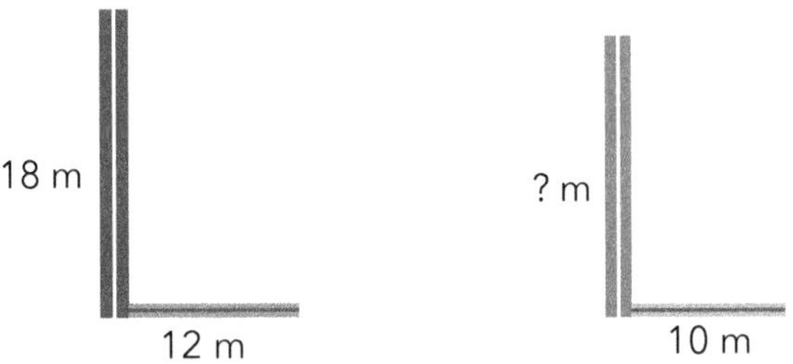

Nota. El gráfico representa los dos postes con sus respectivas sombras. Fuente: Elaborado por el autor

La anterior figura expone que la sombra del poste 1 es mayor que la del poste 2; por lo tanto, el poste 1 es más alto que el poste 2. Ahora se puede continuar con la representación aritmética:

Altura poste 1 = 18 metros
Sombra poste 1 = 12 metros
Altura poste 2 =?
Sombra poste 2 = 10 metros

Si los estudiantes son de segundo o tercero de EBP, es posible iniciar el proceso de solución aplicando proporcionalidad directa con esta representación aritmética. Pero si cursan grados superiores será factible pasar a una representación algebraica como la siguiente:

Sea a la altura del poste 1
Sea x la altura del poste 2
Sea b la sombra del poste 1
Sea c la sombra del poste 2

Entonces,

$a = 18$ m.
$x = ?$
$b = 12$ m.
$c = 10$ m.

Con tal representación algebraica y con una representación geométrica (derivada de la representación gráfica) los estudiantes están listos para la segunda fase.

Definición de planes de solución

$a = 16$ m.
$x = ?$
$b = 9$ m.
$c = 6$ m.

La representación es la base para la definición de planes de solución, lo cual implica un análisis de la situación y la identificación de los conceptos que subyacen a la estructura de la solución. Para el caso, el concepto central es el de proporcionalidad, aplicado al concepto de "semejanza de triángulos". Son conceptos complementarios los de ángulo, ángulo recto y triángulo rectángulo, entre otros. Con ellos se está listo para plantear diversos caminos de solución, todos asociados al concepto de proporcionalidad, que en lenguaje matemático se pueden expresar de diversas formas:

$$a:x :: b:c$$
$$x:a :: c:b$$
$$b:c :: a:x$$
$$c:b :: x:a$$

Así, existen estos cuatro caminos de solución derivados de un mismo concepto: proporcionalidad.

Ejecución de un plan

Se trata de escoger el plan de menor coste, el que implique menor número de operaciones. Para el caso, los cuatro planes tienen igual gasto por tener la misma estructura, entonces cualquiera de ellos servirá. Pero existen otros problemas en donde los distintos algoritmos de solución implican niveles de complejidad diferentes. Para el caso, se puede tomar el segundo, además por la posición de la incógnita:

$$x:a :: c:b$$
$$x/a = c/b$$
$$x = ac/b$$

Como

$$a = 18 \text{ m.}$$
$$b = 12 \text{ m.}$$
$$c = 10 \text{ m.}$$

Entonces,

$$x = 18\text{m}*10\text{m}/12\text{m}.$$
$$x = 15 \text{ m.}$$

Solución: La altura del segundo poste es de 15 metros.

Verificación de la solución

Hay varias maneras de verificar la solución, entre ellas, la comprobación o implementación de otro camino de solución. Existen dos formas de comprobación, una algebraica y la otra geométrica. La algebraica consiste en reemplazar la incógnita por el valor en la ecuación que determinó el camino de solución:

$$x/a = c/b$$
$$15m/18m = 10m/12m$$
$$0{,}83\ldots = 0{,}83\ldots$$

La conservación de la igualdad demuestra que la repuesta es correcta y confirma que la altura del segundo poste es de 15 metros.

Una segunda forma de comprobación algebraica es elegir otro camino, para ello, se opta por otra forma de expresar la proporción, por ejemplo, la última:

$$c:b :: x:a$$
$$c/b = x/a$$
$$ac/b = x$$
$$x = ac/b$$

Con esto es suficiente porque hemos llegado al mismo valor de x en términos de variables. Pero podríamos desarrollar la parte aritmética y tendríamos finalmente una altura de 15 metros para el segundo poste.

Otra forma de comprobar la respuesta es mediante la representación geométrica. Para ello se trazan sendos triángulos a escala, uno con 18 cm de altura y 12 cm de base y el otro con 15 cm de altura y 10 cm de base. Se miden los ángulos internos y se encuentra que son iguales, por lo tanto son semejantes, condición para establecer proporciones entre sus lados.

Como docentes puede parecer un poco dispendioso dedicar tiempo a ensayar distintos caminos de solución y probar la respuesta de formas variadas para llegar a lo mismo, pero es muy importante realizar estos procesos en un buen número de casos, para fortalecer los distintos caminos de razonamiento y propiciar la integración conceptual y el desarrollo creativo de los alumnos. Es también importante que los problemas a resolver correspondan a distintas fuentes: los contenidos en los libros de matemáticas, los planteados por el profesor atendiendo a los contextos particulares y los planteados por los estudiantes mediante las estrategias presentadas previamente.

Tipologías de problemas en los componentes del área

Para facilitar el trabajo pedagógico, a continuación se presentarán campos temáticos en los cuales se pueden plantear y resolver problemas dentro de cada uno de los componentes del área.

Planteamiento y solución de problemas en el componente numérico-variacional

En este componente es posible propiciar situaciones de conteo, operaciones aritméticas de suma, resta, multiplicación, potenciación, radicación, y en algunos casos, de logaritmación, para que los estudiantes planteen y solucionen problemas. Es muy importante el planteamiento y solución de problemas en situaciones que impliquen funciones mediante el manejo de ecuaciones, especialmente de primero y segundo grado, y en algunos casos, de orden múltiple.

Planteamiento y solución de problemas en el componente geométrico-métrico

En el campo propio de la geometría los problemas clásicos están relacionados con la demostración de teoremas, problemas propicios para el desarrollo del pensamiento deductivo. En el campo métrico, los problemas implican el manejo de magnitudes relacionadas con el espacio, la masa, el tiempo, la energía y el dinero. Es importante avanzar desde problemas simples a otros de mayor complejidad. Entre los más sencillos están los que implican cálculos dentro de las mismas magnitudes. Los de mayor nivel combinan estas magnitudes, por ejemplo, relacionando espacio con dinero, como en los costos de materiales por unidades lineales (cintas, cables, mangueras, tubos), los costos por área (enchapados de pisos), por volumen (muros, valor del metro cúbico de agua, etc.). También pueden ser problemas que relacionan espacio con tiempo (tendido de redes, llenado o vaciado de tanques, etc.), espacio con masa (cálculo de densidades), o energía con dinero (costo de KW/h.)

Planteamiento y solución de problemas en el componente aleatorio

En este campo son muy comunes los problemas que entregan colecciones de datos para que sean organizados por los estudiantes y establecer así frecuencias y medidas de tendencia central como medias, varianzas y desviaciones estándar. Otros de mayor nivel están relacionados con elementos básicos de la estadística inferencial, como la predicción de comportamiento de sistemas por relaciones analógicas. También se encuentran los problemas vinculados con el cálculo de combinatoria y probabilidad en situaciones simples o con distintos grados de condicionalidad.

Evaluación de competencias en matemáticas

Los conceptos y ejemplos presentados en el numeral anterior, sobre competencias generales y específicas en el área de matemáticas, resultan útiles para orientar las acciones de aprendizaje mediante las labores de enseñanza que llevan a cabo los profesores. En este numeral se abordará la evaluación de competencias, habida cuenta de que también es una estrategia de aprendizaje cuyo objeto es garantizar su éxito, plasmado en la formación integral de los estudiantes. Para avanzar en este propósito se tratará el sentido de la evaluación en el área, de acuerdo con las características propias de esta estrategia. Con el fin de comprender su amplitud se analizarán los tipos y medios para evaluar, y se dará especial importancia a las pruebas como medios preferentes. Por último, se abordará la forma como se asume la evaluación externa del ICFES en la aplicación de las Pruebas Saber.

Sentido de la evaluación en el área

La evaluación de las competencias en matemáticas tiene como propósito central fortalecer el proceso de aprendizaje de los estudiantes; es:

> [...] una *estrategia de aprendizaje* que consiste en valorar o estimar lo logrado por el estudiante en función de lo planeado. Además, proporciona al docente información para reorientar sus prácticas pedagógicas. Por estas razones, la evaluación es retroalimentación del proceso de aprendizaje. La evaluación es un proceso continuo e integral cuyos objetivos son valorar los logros de los estudiantes, superar sus dificultades, aprender mejor, determinar su promoción y suministrar información para la evaluación institucional (Montenegro, 2009, p. 21).

Para que la evaluación tenga este sentido es preciso aplicarla de forma integral, sistemática, continua, flexible y participativa; en síntesis, de manera formativa.

La evaluación es integral en la medida en que se tengan en cuenta las dimensiones del desarrollo humano; ya se expuso la forma en que desde la enseñanza de las matemáticas es posible propiciar el desarrollo físico, psicológico, cognitivo, ético y estético de los estudiantes, y estas mismas consideraciones operan para la evaluación; lo cual significa que en una actividad de evaluación no solo se valoran las competencias del área, sino también su influjo en el desarrollo de las destrezas físicas, del componente emocional y, especialmente, del gusto por el área; además, se analiza el efecto en la formación de valores y el desarrollo estético.

La evaluación es sistemática porque se realiza en referencia a los objetivos del área, a las competencias generales y específicas dentro de cada uno de los componentes temáticos, de manera progresiva y en correspondencia con los procesos de desarrollo del estudiante. Es continua porque se efectúa permanentemente a través de las diferentes actividades de aprendizaje, lo cual permite realizar seguimiento a los progresos de los estudiantes.

En la medida en que se tengan en cuenta los rasgos y diferencias individuales, la evaluación será flexible. En este sentido, los ritmos de aprendizaje, el grado de desarrollo cognitivo, las motivaciones, los intereses y dificultades de los alumnos serán la base para prescribir y valorar las actividades de evaluación. En el área se practica la evaluación participativa mediante el fomento, en el estudiante, de la reflexión sobre su propio proceso de aprendizaje (auto-evaluación), junto con la hetero-evaluación y la co-evaluación, con el fin de establecer un equilibrio entre las valoraciones del profesor y los conceptos del estudiante sobre sus logros y dificultades. De esta manera se hace posible que la evaluación contribuya a la regulación del proceso educativo. Estas características permiten el cumplimiento de su función formativa, esto es, el desarrollo del potencial de los alumnos en las distintas dimensiones.

Tipos de evaluación

Es fundamental que el docente de matemáticas comprenda los tipos de evaluación, porque de esta forma permite que todos ellos contribuyan a cumplir con su función como estrategia de aprendizaje. Hay tantos tipos de evaluación como criterios de clasificación se establezcan. En referencia al proceso formativo del estudiante en un determinado año lectivo, la evaluación puede ser: inicial, de proceso y final. Si tenemos en cuenta el ámbito institucional la evaluación puede ser interna o externa.

Evaluación en referencia al proceso

El proceso educativo dura toda la vida, pero en términos de escolaridad se realiza a través de ciclos y grados. El grado es una unidad temporal importante del proceso educativo en donde se esperan avances notorios; gracias a él es posible considerar que se da un proceso dentro del año escolar, corto, si se compara con toda la vida, pero significativo, en cuanto a alcance de logros. En este segmento del proceso es importante determinar el avance en cuanto al desarrollo de competencias y, por eso, muchos expertos señalan tres tipos de evaluación: inicial, de proceso y final.

Evaluación inicial

La evaluación inicial tiene como propósito determinar el estado de formación del estudiante al comenzar el año lectivo. Es posible que haya olvidado ciertas temas aprendidos en el grado anterior, pero así mismo habrá consolidado ciertos elementos de competencia, producto del proceso de maduración. Por esta razón conviene aplicar una "prueba de competencias" similar a la del ICFES. Como se trata de una prueba inicial del grado, tomará como referencia los conceptos y niveles de competencia que se espera para ese grado. Se recomienda, entonces, una prueba técnica estructurada por un conjunto de preguntas de selección múltiple, que cubra los tres componentes temáticos, cada uno de ellos asociado a las tres competencias específicas del área. Por ello, el número de preguntas debe ser significativo, entre 20 y 50 dependiendo del grado.

Evaluación de proceso

Como la evaluación es continua, sistemática y participativa, se realiza a través del año lectivo para verificar el avance en la adquisición de logros, fortalecerlos e identificar las limitaciones a superar. Es conveniente que toda actividad de aprendizaje sea evaluada de manera implícita, ojalá por el propio estudiante, para verificar el logro, pero no necesariamente debe ser calificada porque lo que interesa es el desarrollo del estudiante en sí, no las calificaciones. El proceso formativo del estudiante se basa en la adquisición de conocimientos, habilidades y destrezas (en síntesis, competencias), y en ello debe estar basada la motivación por el estudio, no en el señuelo de la nota.

Evaluación final

Al finalizar el año lectivo es necesario establecer el nivel de desarrollo del estudiante en términos de competencias asociadas a los componentes temáticos; este es el propósito de la prueba final, la cual será similar o análoga a la aplicada al comienzo del año. Se recomienda que contenga igual número de preguntas de selección múltiple que la prueba inicial. Así se podrán efectuar comparaciones individuales, de tal manera que cada estudiante sea consciente y sienta satisfacción de sus avances a través del año lectivo. También conviene la comparación de las puntuaciones grupales entre la inicial y la final, pues el grado de éxito en el aprendizaje del grupo de estudiantes se puede establecer en la medida en que se incremente la media y se disminuya la varianza o la desviación estándar.

Evaluación en referencia al ámbito institucional

Los educadores practican la evaluación de aprendizajes de los estudiantes a partir de los desarrollos del plan de estudios, el cual han diseñado de acuerdo con su particular visión de educación, el conocimiento del área, de los lineamientos oficiales y del contexto en el cual desarrollan la labor docente. Sin embargo, la sociedad, el Estado e incluso de la comunidad internacional también tienen expectativas sobre lo que se espera de la educación matemática; esta realidad hace posible la existencia de dos tipos de evaluaciones: la interna y la externa.

Evaluaciones internas

Las evaluaciones internas son las que practican los docentes con la participación de los estudiantes en referencia al plan de estudios desarrollado. Corresponden a la evaluación inicial, la final y a la gran variedad de actividades de evaluación en el transcurso del año. Este es el primer nivel de evaluaciones internas, el practicado por los docentes del área. Algunos colegios cuentan con un sistema de pruebas de orden institucional que permite establecer los niveles de logro de los estudiantes, y están basadas en lo que debería haber desarrollado el docente a través del año, y por supuesto, en lo que deberían haber aprendido los estudiantes en referencia al contenido del plan de estudios del área. Son pruebas que establecen el logro por niveles y grados y, aunque están diseñadas por los docentes de área, trascienden un poco su labor, pues no tienen en cuenta las diferencias individuales de los docentes en cuanto a metodología o grado de desarrollo del plan de estudios.

Para que el sistema de evaluación institucional sea robusto, conviene la existencia de estos dos niveles de evaluación: el conjunto de evaluaciones propias del docente en su grado o grados particulares, y la aplicación de unas pruebas estandarizadas en el orden institucional. Para ambos casos se recomienda tener bancos de pruebas conformadas por preguntas técnicamente estructuradas.

Evaluaciones externas

Las preocupaciones educativas no atañen solo a los maestros, también involucran a la familia, el Estado y la sociedad nacional e internacional.

Pruebas nacionales

El Estado viene ejerciendo una política de "medición" de la calidad educativa a través de pruebas estandarizadas practicadas por el Instituto Colombiano de Evaluación de la Educación (ICFES). Las Pruebas Saber de instituto especializado se han convertido en indicadores de calidad de la educación básica, media y superior, y son componentes significativos para determinar el Índice Sintético de la Calidad Educativa (ISCE). Hay Pruebas Saber para grados Tercero, Quinto y Noveno de Educación Básica, Undécimo de Educación Media y las Pruebas Saber Pro para los estudiantes que van a culminar programas de educación superior en los niveles técnico, tecnólogo y profesional. Las Pruebas Saber Undécimo son censales, obligatorias y constituyen requisito de grado.

Las Pruebas Saber Tercero evalúan las competencias en Matemáticas y Lenguaje; en Quinto y Noveno se agregan Ciencias Naturales y Competencias Ciudadanas. Al terminar el bachillerato los estudiantes presentan las siguientes pruebas: Lectura crítica, Inglés, Matemáticas, Ciencias Naturales, Ciencias Sociales y Competencias ciudadanas (integradas a las Ciencias Sociales). Las Pruebas Saber de educación básica y media son de carácter censal, aplicadas a toda la población estudiantil colombiana que cursa los grados respectivos.

Pruebas internacionales

Las pruebas internacionales evalúan la educación de acuerdo con parámetros de distintas organizaciones. Aunque se aplican a muestras relativamente pequeñas, constituyen un indicador de la calidad de la educación en Colombia. Entre ellas están el *Program for International Student Assessment* (PISA), que se aplica cada tres años a estudiantes de 15 años de diversos países de todos los continentes.

Colombia ha participado en estas pruebas en 2006, 2009, 2012 y 2015. También ha participado en CIVED (1999), PERCE (1997), SERCE (2006), PIRLS (2001, 2011), TERCE (2013), TIMMS (1995, 2007) (ICFES, 2013). Los resultados de estas pruebas no han sido satisfactorios debido a una gran variedad de causas que obedecen a los llamados "factores asociados". A manera de conclusión, es posible resaltar el carácter complementario de las pruebas externas en relación con las pruebas internas; ambas constituyen referentes de calidad de la educación colombiana.

Medios para la evaluación

Los medios son todos aquellos que permiten obtener información sobre el estado del proceso de aprendizaje de los estudiantes. Al valorar esta información se determina el alcance de logros y las dificultades que puedan existir. Debido a que a través de los medios se evalúan las competencias, éstos pueden ser directos o indirectos:

> Los medios directos permiten evidenciar que el estudiante es competente en un determinado campo. Entre estos medios se destacan el planteamiento y

> solución de problemas, la elaboración de ensayos, la elaboración de portafolios, la formulación y desarrollo de proyectos, la realización de talleres, trabajos de investigación y pruebas prácticas (Montenegro, 2004, p. 2).

Por su parte, los medios indirectos no aportan evidencias, de manera directa ni inmediata, sobre las competencias del estudiante, pero sí suministran indicios de su existencia. Entre ellos se tienen las entrevistas, las sustentaciones, los juegos de roles, las discusiones y las pruebas de lápiz y papel.

Las pruebas como medio de evaluación

En la cotidianidad pedagógica las actividades de evaluación están asociadas a las actividades de aprendizaje; en teoría existen tantas o más actividades de evaluación como actividades de aprendizaje que se puedan diseñar. No obstante, hay actividades especializadas, y éstas son las pruebas, que son tareas en las que se ubica al estudiante en situaciones reales o hipotéticas para que resuelva un determinado asunto. Si la situación es real, la prueba es práctica o directa; si es hipotética o imaginaria la prueba es teórica o indirecta. Tanto las pruebas prácticas como las teóricas son necesarias para la evaluación de las competencias.

Pruebas prácticas o directas

La vida puede ser concebida como un conjunto de pruebas a superar en el día a día. Desde el área de matemáticas los docentes pueden aportar de manera sistemática para que los estudiantes enfrenten en la realidad el saber hacer.

> Las pruebas directas ubican al estudiante frente a una tarea práctica; por ejemplo: escribir un ensayo, elaborar un proyecto, resolver un problema, diseñar un artefacto. Tienen como propósito mostrar una destreza física, una habilidad mental o la aplicación de un conjunto de conceptos. Estas pruebas tienen un alto nivel de validez y confiabilidad porque permiten al estudiante mostrar una competencia de manera implícita en la actividad desarrollada (Montenegro, 2009, p. 114).

Existe un amplio conjunto de ámbitos para elaborar ensayos: la historia de un determinado concepto; las matemáticas en distintos ámbitos como el hogar, el parque, el centro comercial, el agro, la industria, las finanzas, etc. Los ensayos permiten abordar un problema en alguna de estas situaciones y analizar la forma en que las matemáticas contribuyen a su comprensión y manejo.

El trabajo por proyectos implica un conjunto de actividades integradoras de conocimiento útiles para aprender y evaluar. En el área se pueden desarrollar un sinnúmero de proyectos a través de los cuales los niños transforman sus condiciones de vida. Entre tantos, es posible citar "el cultivo escolar", en donde producen flores, frutas u hortalizas y, a través del proceso, realizan mediciones y proyecciones de espacio, masa, tiempo, energía y dinero. Otro proyecto es la organización de la economía familiar, la elaboración de presupuestos, los ejercicios contables, los balances y estados financieros. Se pueden abordar proyectos de investigación, como por ejemplo pequeños estudios demográficos de sectores de la población estudiantil o de los vecinos de de la escuela. Cada uno de los contextos de la institución educativa es una fuente de proyectos para aplicar los conocimientos matemáticos y transformar las condiciones de vida de los estudiantes.

En el apartado sobre resolución de problemas ya se analizó cómo abordar los proyectos de carácter práctico. En el campo del diseño se pueden elaborar modelos físicos, modelos teóricos y dispositivos informáticos. Como modelos físicos son muy comunes la elaboración de cuerpos geométricos, regulares o irregulares, en distintos materiales; también son usuales las maquetas, sean de máquinas o de construcciones. En la elaboración de estos modelos se desarrollan destrezas para medir, manipular objetos y habilidades para el cálculo de distintas magnitudes. Los modelos teóricos son aquellos que se trabajan a través de un proceso de modelación, y tienen como propósito encontrar una expresión algebraica que represente una realidad matemática determinada.

Por otra parte, no se puede olvidar la importancia del uso de la tecnología para valorar las competencias matemáticas. Los estudiantes pueden crear dispositivos informáticos o aplicativos para resolver tareas que implican el cálculo matemático, esto se puede trabajar en hojas de cálculo; otros dispositivos interesantes pueden ser los hipertextos, videos, simuladores e incluso los cursos breves en plataformas como MOODLE. En fin, el área de matemáticas se presta para desarrollar una gran variedad de pruebas prácticas. Lo ideal sería implementarlas a través del año escolar en cada uno de los períodos académicos, para evidenciar el desarrollo real de las competencias de los estudiantes.

Pruebas teóricas o indirectas

Mientras las pruebas prácticas están asociadas preferentemente con la valoración de las destrezas y la aplicación e integración de conceptos; las pruebas teóricas o indirectas se vinculan con la valoración de las habilidades mentales. De ahí su importancia, porque permiten la valoración simultánea de grandes poblaciones estudiantiles. Se denominan también "pruebas de lápiz y papel" porque el estudiante no se enfrenta a una situación práctica, sino a una hipotética o imaginaria planteada en un documento. Estas pruebas tienen dos características centrales: validez y confiabilidad. La validez se refiere a la pertinencia: que la prueba evalúe realmente aquello que se quiere evaluar. La confiabilidad se refiere al nivel de claridad y "precisión" en que se plantee. El recurso principal es la pregunta y, dependiendo la forma como se plantee, la prueba puede ser abierta o cerrada.

Pruebas de pregunta abierta

Estas pruebas utilizan preguntas interrogativas con o sin información de referencia; por ejemplo: ¿Cuántas aristas posee una pirámide de base hexagonal?; también puede basarse en una proposición que parte de un verbo en infinitivo o en alguna forma personal para enunciar una tarea; por ejemplo: "Elabore una tabla en donde presente en forma sintética las propiedades de las operaciones fundamentales" o "Elaborar un análisis comparativo entre una función de primer grado y una de segundo grado".

Las pruebas de pregunta abierta son muy importantes para que el estudiante muestre habilidades para aplicar, integrar o analizar conceptos básicos de las matemáticas; por ello se recomienda su uso regular, entendiendo que implican una valoración cuidadosa y personalizada por parte de los docentes que, además, pueden hacerlas en forma grupal, orientando para permitir que los estudiantes repliquen las valoraciones de sus pares o de sí mismos (auto-valoración).

Pruebas de pregunta cerrada

Este tipo de pruebas ofrece información básica para que el estudiante pueda responder algo muy particular. Se utilizan varias formas de preguntas: de completación, pareamiento y las típicas preguntas de selección múltiple. Las preguntas de selección múltiple contienen un ítem y varios distractores, de los cuales uno o más son verdaderos. Por ello existen pruebas de selección múltiple con una sola respuesta o con múltiple respuesta.

A manera de conclusión, es posible señalar la necesidad de guardar un equilibrio entre las pruebas prácticas y las teóricas, pues ambas son importantes para valorar distintos aspectos del desarrollo de los niños y tienen implicaciones pedagógicas relacionadas con la forma de preparación, la pertinencia, los tiempos y recursos para su aplicación.

Tabla 25. Tipos de pruebas

Tipos	Casos
Prácticas o directas	Solución de problemas reales Diseño de proyectos Desarrollo de proyectos Diseño de artefactos
Teóricas o indirectas	Pregunta abierta Completación textual Completación gráfica Pareamiento Pregunta cerrada (selección múltiple con única respuesta o con múltiple respuesta)

Nota. Las pruebas prácticas enfrentan al estudiante a una situación práctica; las pruebas teóricas plantean situaciones hipotéticas

Las Pruebas Saber en matemáticas

Las pruebas Saber en Matemáticas son evaluaciones externas aplicadas por el ICFES a las instituciones educativas que buscan determinar la calidad educativa. De hecho, las pruebas no pueden ser el único parámetro de valoración, pero sí constituyen una marca importante. Los referentes principales de las pruebas son los lineamientos curriculares para el área, los estándares básicos de competencias y los derechos de aprendizaje, todos ellos, definidos por el MEN.

Las pruebas Saber en Matemáticas son teóricas o indirectas, ya que no enfrentan al estudiante a una situación real, sino a una hipotética o imaginaria. Están conformadas por preguntas cerradas de única respuesta, en cuya formulación presentan un contexto situacional o teórico. Los ítems o distractores son de la misma naturaleza conceptual y guardan equilibrio en su extensión; también plantean algunas preguntas abiertas.

Estructura de las pruebas

Como ya se ha mencionado, las Pruebas Saber en Matemáticas presentan una estructura por competencias y componentes. Existen algunas diferencias entre las pruebas Saber Tercero, Quinto y Noveno y la Prueba Saber 11.

Estructura de las Pruebas Saber 3°, 5° y 9°

La siguiente tabla presenta la estructura por competencias y componentes para estas pruebas.

Tabla 26. Estructura de la Pruebas Saber 3°, 5° y 9°

Competencias	Componentes
Razonamiento y argumentación Comunicación, representación y modelación Planteamiento y solución de problemas	Numérico-variacional Geométrico-métrico Aleatorio

Nota. Datos organizados a partir de las tablas tomadas de (ICFES, 2014). Significa que cada competencia se evalúa en cada componente

Estructura de la Prueba Saber 11

La estructura de esta Prueba Saber se realiza en los componentes de la anterior tabla que, en la siguiente, toman las denominaciones de las ramas específicas de la matemática.

Tabla 27. Estructura de la Prueba Saber 11

Contenidos	Competencias	Componentes
Genéricos No genéricos	Interpretación y representación Formulación y ejecución Argumentación	Estadística Geometría Álgebra Cálculo

Nota. Fuente: ICFES, 2014, pp. 45-46. Se evalúan las competencias mediante dos tipos de contenidos en cada uno de los componentes

Actividades de aprendizaje y de evaluación

Las estrategias generales y específicas presentadas en los puntos anteriores, así como las consideraciones acerca de la evaluación y del papel específico de las pruebas, permiten dilucidar el tipo de actividades necesarias para el logro de los objetivos propios del área en términos de desarrollo de competencias. Por ello, en esta sección se presentan actividades genéricas por conjuntos de grados, a fin de facilitar el aprendizaje y evaluación de los distintos conceptos y competencias propias de la estructura del área. En consecuencia, se enunciarán distintas actividades de aprendizaje y de evaluación que tienen como referentes los procesos de desarrollo y las estrategias metodológicas. Así mismo, las competencias específicas del área, los componentes conceptuales y los indicadores de competencia correspondientes a las distintas publicaciones del Instituto (ICFES, 2014).

Se llama actividades de aprendizaje a todas aquellas tareas que los docentes realizan para el desarrollo de las competencias específicas del área, las cuales implican: comprensión conceptual, desarrollo de destrezas, y habilidades y actitudes para usar de manera racional el conocimiento matemático en las distintas esferas de la vida. De esta manera, nuestra labor toma como núcleo la formación matemática y, desde ella, aporta a la formación integral, signada en el desarrollo articulado de las distintas competencias básicas de los estudiantes a nuestro cargo (Montenegro, 2009, pp. 90-96). Para lograrlo, es necesario estructurar actividades significativas dentro del contexto socio-cultural de los estudiantes, en el salón de clase, en la institución educativa y en el entorno socio-cultural más amplio (MEN, 2003).

Las actividades de evaluación son aquellas que permiten valorar el desempeño en términos de logros alcanzados y dificultades presentadas. Pueden ser simultáneas a las actividades de aprendizaje, como acciones implícitas del docente con retroalimentación en línea dentro del proceso formativo. No es necesaria la calificación de todas ellas, lo importante es la valoración cualitativa y la toma de conciencia, por parte del estudiante, de la dinámica propia de su proceso y de sus alcances y limitaciones. Las pruebas constituyen actividades específicas de la evaluación y, por ello, se utilizarán en todas sus formas, no solo en las pruebas cerradas de selección múltiple (Montenegro, 2009, pp. 96-116).

Educación preescolar

La educación preescolar tiene por objeto el desarrollo armónico de las distintas dimensiones que conforman la integralidad de los niños.

> La educación preescolar corresponde a la ofrecida al niño para su desarrollo integral en los aspectos biológico, cognoscitivo, sicomotriz, socio-afectivo y espiritual, a través de experiencias de socialización pedagógicas y recreativas (Ley 115 de 1994, Artículo 15).

De acuerdo con la norma, en este nivel educativo no necesariamente se trabaja por áreas, aunque tampoco están prohibidas, sino por dimensiones. En este sentido, sí existe el área de Matemáticas o Pre-matemáticas (como las denominan en algunas instituciones), y ésta se trabaja con un enfoque integral orientado al desarrollo de las competencias básicas en las dimensiones señaladas. Lo importante es que toda experiencia de aprendizaje que implique conocimiento matemático tenga este sentido integrador y potencie las capacidades de los niños de esta edad.

La educación preescolar se ocupa de los niños entre 3 a 6 años [3,6). Se supone que a los tres (3) años poseen un buen desarrollo sensorio-motriz y del lenguaje, especialmente en las fases de adquisición o uso de los códigos lingüísticos que les permiten, a su vez, el ejercicio de la imaginación y de los rasgos centrales del desarrollo cognitivo. El niño se encuentra en la fase pre-operacional, período muy propicio para el aprendizaje de relaciones entre personas y, en general, entre los diversos seres del mundo natural y cultural. No obstante, carece, salvo excepciones, de la reversibilidad del pensamiento; posee una fuerte visión egocéntrica en donde toda relación con las personas o las cosas está ligada a sus intereses.

Las anteriores razones y condiciones permiten ver que el ambiente propicio para desarrollar el potencial de los niños ha de ser agradable, enriquecido con la presencia de objetos de diversas formas, tamaños, colores y usos funcionales; desde luego, se debe ofrecer seguridad para su manipulación. Entre estos materiales, se destaca la utilidad de los libros ilustrados con diversas figuras y que emplean el lenguaje alfabético, que se introduce gradualmente de acuerdo con la edad.

Este ambiente enriquecido se complementa con una gran variedad de actividades lúdicas orientadas a fortalecer la discriminación sensorial de tamaños, formas, colores y cantidades. Estos conceptos se van forjando mediante una estrategia inductiva: la vivencia de una gran variedad de experiencias para reconocer casos que guardan una misma regularidad. Así, es muy importante la manipulación de los objetos y la verbalización de las acciones.

Los lineamientos del MEN sobre educación preescolar señalan tres principios que subyacen a toda experiencia: la lúdica, la participación y la integralidad (MEN, 1998b, pp. 29-31), los cuales podemos tomar como básicos, pero no únicos. También son principios válidos la diversidad, el ritmo, la gradualidad, el esfuerzo, la organización, la autonomía, la cooperación, el respeto y el afecto (Montenegro, 2003, pp. 42-52).

El problema es cómo organizar la gran variedad de actividades para que sean significativas y propicien el desarrollo sistemático de las competencias matemáticas de los niños. En la práctica existen muchas formas de estructurar las experiencias, lo importante es que conserven los principios básicos de la educación preescolar y de la educación matemática. El siguiente esquema presenta los campos temáticos asociados a actividades de aprendizaje y de evaluación.

Componentes y actividades

Tabla 28. Componentes y campos temáticos en educación preescolar

Componentes: campos temáticos
Seriación Clasificación Propiedades de los objetos: Formas, tamaños, colores, peso, calor Relaciones espaciales Conteo Relaciones de orden: mayor que, menor que, igual que Adición y sustracción

Nota. Síntesis de los campos temáticos abordados en educación preescolar.
Fuente: Elaborado por el autor

Tabla 29. Actividades de aprendizaje y evaluación en educación preescolar

Actividades de aprendizaje	**Actividades de evaluación**
Seriación con objetos de diverso orden con criterio libre	Verbalización del criterio de seriación con material concreto ¿Por qué organizó de esa manera?
Seriación con criterios definidos: por naturaleza, material, formas, tamaños, colores, etc.	Verificación del criterio de seriación con material concreto
Representación pictórica o icónica de las series	Verificación del criterio de seriación en representación icónica
Clasificación de objetos con criterio libre	Verbalización del criterio de clasificación de elementos concretos
Clasificación de objetos con criterio definido: por naturaleza, material, formas, tamaños, colores, etc.	Verificación del criterio de clasificación de elementos concretos
Representación icónica de las clasificaciones	Verificación del criterio de clasificación en representaciones icónicas
Identificación de formas	Denominación de formas
Identificación de variaciones de tamaño, peso, temperatura	Verbalización de relaciones de distancias, tamaños, pesos, temperaturas
Identificación de relaciones espaciales: lejos-cerca, encima-debajo, dentro-fuera	Ubicación espacial según las relaciones y verbalización
Actividades de conteo dentro de colecciones de series y clases	Verbalización del conteo dentro de series y clases de objetos
Representación simbólica de conteos, asignación del número	Verificación del conteo en series y clases de objetos
Comparación de cantidades (dentro de series y clases)	Verificación del conteo en representaciones icónicas
Representación icónica de relaciones de orden	Asignación del número a representaciones icónicas

Actividades de aprendizaje	Actividades de evaluación
Operaciones concretas de adición y sustracción	Verbalización de las relaciones de orden en series y colecciones: "hay más", "hay menos" Verificación de relaciones de orden en representaciones icónicas: "mayor qué", "menor qué" Verificación de relaciones de orden (> y <) en representaciones numéricas Verbalización de operaciones concretas de sumas y restas (con material concreto) Representación numérica de sumas y restas sencillas Solución de problemas que impliquen sumas y restas sencillas

Nota. Las actividades de aprendizaje llevan inmersas actividades de evaluación. Fuente: Elaborado por el autor

Preguntas ejemplo

Como se ha podido observar existen gran cantidad de actividades de evaluación, buena parte de ellas se realizan con material concreto. A medida que los niños dominan este ambiente es posible pasar a pruebas de representación pictórica y, finalmente, a pruebas de representación simbólica. A continuación se exponen algunas preguntas ejemplo de cada una de las competencias en los tres componentes temáticos del área. Dichas preguntas se ubican entre representaciones pictóricas y simbólicas, especialmente para los niños del grado de Transición, que ya inician con la escritura alfabética y la representación numérica de pequeñas cantidades.

Componente numérico-variacional, pregunta de razonamiento

La siguiente figura de la serie anterior es

***Clave B**. En la serie se alternan las figuras círculo y cuadrado, al tiempo que disminuyen su tamaño.*

Componente numérico-variacional, pregunta de representación, comunicación y modelación

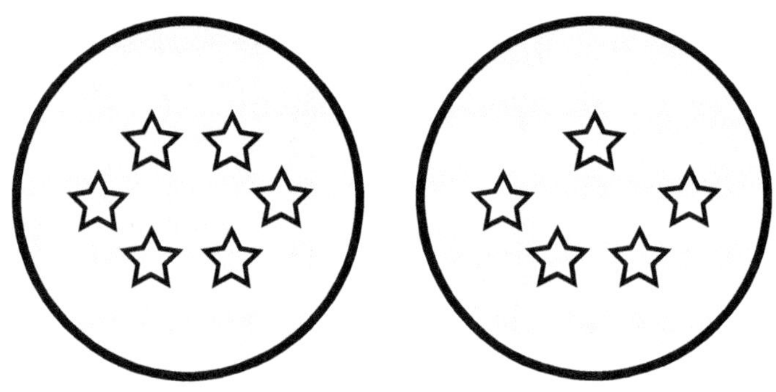

La anterior figura también se puede escribir como

A. 5+4=9
B. 6+5=11
C. 11-3=8

***Clave B:** Es la expresión numérica de los dos conjuntos representados en la gráfica.*

Componente numérico-variacional, pregunta de solución de problemas

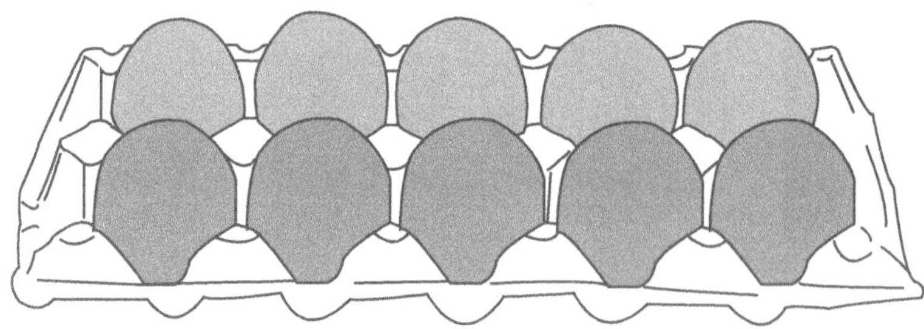

La figura representa una bandeja con huevos, si mamá gasta seis al desayuno, entonces quedan:

A. 4 huevos.
B. 5 huevos.
C. 6 huevos.

Clave A: *10-6=4*

Componente métrico-geométrico, pregunta de razonamiento

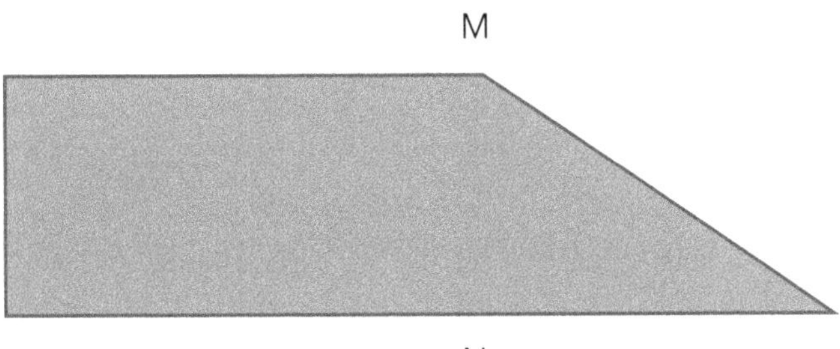

Si en la figura trazamos una línea entre M y N, entonces se forman

A. Un triángulo y un cuadrado.
B. Un cuadrado y un rectángulo.
C. Un rectángulo y un triángulo.

Clave C: *A la izquierda se forma un rectángulo y a la derecha un triángulo.*

Componente métrico-geométrico, pregunta de representación, comunicación y modelación

El orden de las figuras de izquierda a derecha es:

A. Cuadrado, círculo, triángulo.
B. Triángulo, cuadrado, círculo.
C. Círculo, triángulo, cuadrado.

Clave B: *Estos son los nombres correctos de las figuras ubicadas de izquierda a derecha.*

Componente métrico-geométrico, pregunta de solución de problema

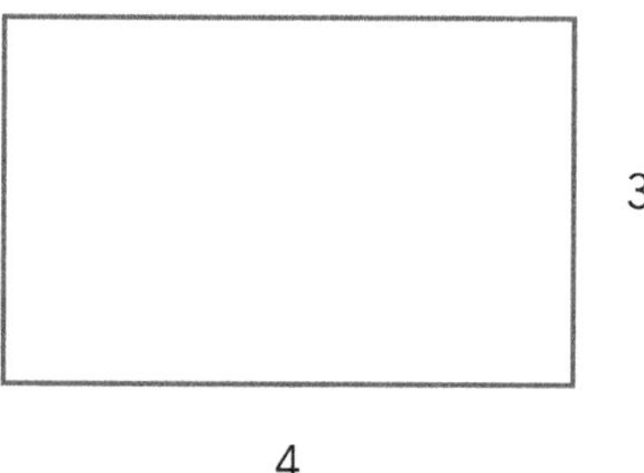

La figura representa un corral de aves. Si un pollito recorre los bordes del corral, entonces da:

A. 10 pasos.
B. 12 pasos.
C. 14 pasos.

Clave C: *Perímetro = 2(4+3) pasos = 14 pasos*

Educación básica

La educación básica en Colombia está orientada al desarrollo de las competencias básicas que permitan al niño forjarse como persona y como ciudadano. Este es el sentido de los Artículos 19, 20 y 21 de la Ley 115 de 1994, cuyos objetivos tratan del desarrollo integral en los distintos campos (físico, intelectual y social) a través de la apropiación del conocimiento científico, de la tecnología, del arte, del deporte y de la recreación. Dentro de estos objetivos se encuentra uno muy relacionado con el área de matemáticas: "Ampliar y profundizar en el desarrollo del razonamiento lógico y analítico para la interpretación y solución de problemas de la ciencia, la tecnología y la vida cotidiana" (Literal C, Art. 20, Ley 115 de 1994).

La educación básica comprende dos niveles: La educación básica primaria, desde el grado 1° a 5° (de 6 a 10 años), y la educación básica secundaria, desde el grado 6° a 9° (de 11 a 13 años aproximadamente). Estos rangos de edad son los establecidos como edad escolar regular, en los colegios, sin embargo, por distintas razones hay niños en extra-edad, con edades superiores a las establecidas. Como objetivo específico de la educación básica primaria, el literal e del Artículo 21 de la Ley 115, señala:

> El desarrollo de los conocimientos matemáticos necesarios para manejar y utilizar operaciones simples de cálculo y procedimientos lógicos elementales en diferentes situaciones, así como la capacidad para solucionar problemas que impliquen estas situaciones.

Por su parte, como objetivo específico de la básica secundaria, el literal c del Artículo 22, puntualiza:

> El desarrollo de las capacidades para el razonamiento lógico mediante el dominio de los sistemas numéricos, geométricos, métricos, lógicos, analíticos, de conjuntos, de operaciones y relaciones, así como para su utilización en la interpretación y solución de problemas de la ciencia, de la tecnología y los de la vida cotidiana (Ley 115).

Los anteriores objetivos sugieren una gran responsabilidad del área de matemáticas en la formación integral del niño, la cual ha de ser pertinente de acuerdo con las características propias de su edad y del entorno en el cual se desarrolla.

Así, considerando la teoría del desarrollo de Piaget (1974), los niños de educación básica están culminando la fase pre-operacional (2-6 años), transitan por las operaciones concretas (7 a 11 años) e inician las operaciones formales (12-16 años). En este nivel educativo consolidan el desarrollo sensorio-motriz que les permite, a su vez, fortalecer procesos cognitivos fundamentales, como: La clasificación y la seriación, que hacen posibles la cuantificación y las relaciones de orden para comprender la estructura del sistema de numeración decimal; la reversibilidad del pensamiento les permite comprender y manejar las operaciones de suma-resta, multiplicación-división, asociadas a la resolución de ejercicios y problemas prácticos.

Las acciones que propician el desarrollo del aprendizaje en este estadio de las operaciones concretas, involucran la construcción de cuadros, representaciones simbólicas, esquemas, diagramas, resúmenes y mapas mentales que permiten identificar objetos, hechos o fenómenos, caracterizarlos, compararlos, secuenciarlos y hacer inferencias sobre ellos. Los procesos de categorización durante la educación primaria comienzan con identificar objetos, nombrarlos, establecer diferencias, semejanzas y relaciones entre los objetos y fenómenos (SED, 2010).

Al finalizar la educación básica los niños y niñas son más reflexivos; su razonamiento concreto da paso paulatino al pensamiento formal y, en consecuencia, el aprendizaje se construye fundamentalmente a partir de actividades concretas. El método inductivo sigue siendo preferente, por ello es importante colocar al niño en situaciones de contexto (escolar, cotidiano...) para, a partir de ellas, inducir los conceptos y la solución de problemas.

No obstante lo anterior, los docentes también pueden implementar paulatinamente la deducción, especialmente cuando los niños muestran claridad conceptual. También siguen siendo válidas las analogías para comparar situaciones, conceptos y experiencias. Los progresos del lenguaje ocurren de manera simultánea con el desarrollo cognitivo, por ello es importante continuar con la verbalización en tanto acto que precede a la representación escrita (gráfica y simbólica), especialmente en situaciones disciplinares nuevas.

En este contexto es fundamental propiciar espacios de reconocimiento y afirmación del yo y del propio cuerpo, como condición indispensable para sentar las bases de la autonomía. Al tiempo, es necesario propiciar actividades que desarrollen la inteligencia quinestésica y la inteligencia creativa, a través del empleo del cuerpo para la expresión artística, el juego, los deportes y las acciones lúdicas y recreativas que fomentan el desarrollo de hábitos, autorregulación y disciplina (SED, 2010). Teniendo en cuenta estas consideraciones, se presentan los componentes, actividades y ejemplos de preguntas para cada uno de los conjuntos de grados de la educación básica que son objeto de las Pruebas Saber

Grados primero, segundo y tercero

Componentes y actividades

Tabla 30. Componentes temáticos para los grados primero, segundo y tercero

Componentes temáticos
Numérico-variacional Números naturales, sistema decimal Relaciones de orden Estructura aditiva Estructura multiplicativa Números fraccionarios

Componentes temáticos
Geométrico-métrico Objetos tridimensionales: identificación, propiedades Medición de distancias, superficies, volúmenes, masa y tiempo
Aleatorio Estructuras sencillas de datos: representación, interpretación

Nota. Existen puntos de articulación entre los distintos campos temáticos en estos grados. Fuente: Elaborado por el autor

Tabla 31. Actividades de aprendizaje y evaluación para los grados primero, segundo y tercero

Actividades de aprendizaje	Actividades de evaluación
Identificación de la estructura decimal en la secuencia de los números naturales	Reconocimiento del valor posicional de un dígito en un número natural
Identificación de relaciones de igualdad y de orden	Ordenación en forma oral y escrita de conjuntos de números
Identificación de propiedades de los números naturales	Aplicación de las propiedades para resolver situaciones de orden
Planteamiento y solución de ejercicios con estructura aditiva	Aplicación de las propiedades de los números para resolver situaciones aditivas en ejercicios y problemas mediante composición y transformación
Planteamiento y solución de ejercicios y problemas con estructura multiplicativa	Representación numérica, gráfica y geométrica de situaciones aditivas
Identificación de la proporcionalidad en situaciones multiplicativas	Aplicación de las propiedades de los números para resolver situaciones multiplicativas en ejercicios y problemas. Representación numérica, gráfica y geométrica de situaciones multiplicativas
Identificación de la proporcionalidad en situaciones multiplicativas	Verbalización de la proporcionalidad directa en situaciones multiplicativas
Identificación de fracciones menores de la unidad	Representación numérica y geométrica de situaciones de proporcionalidad directa
Planteamiento y solución de ejercicios y problemas sencillos de estructura aditiva con fracciones menores que la unidad	Verbalización de fracciones, representación numérica, gráfica y geométrica

Actividades de aprendizaje	Actividades de evaluación
Identificación de cuerpos geométricos regulares: cubo, esfera, cilindro, cono, pirámide	Verbalización de las operaciones con fracciones, representación numérica, gráfica y geométrica
Identificación de traslaciones y rotaciones de cuerpos geométricos	Denominación de cuerpos geométricos regulares, identificación de superficies y líneas
Mediciones sencillas de distancias con patrones no convencionales y con el metro	Representación geométrica de traslaciones y rotaciones
Planteamiento y solución de ejercicios y problemas sencillos de estructura aditiva con distancias	Representación numérica y geométrica de distancias
Identificación de ángulos en objetos reales y relaciones	Representación numérica y geométrica de ejercicios y problemas de estructura aditiva con distancias
Medición de ángulos e identificación de clase: el ángulo recto	Representación numérica y geométrica de ángulos
Reconocimiento de horizontalidad, verticalidad, paralelismo y perpendicularidad en contextos sencillos	Denominación de las clases de ángulos
Identificación de figuras geométricas sencillas: cuadrado, rectángulo, triángulo y círculo	Verbalización y representación geométrica de horizontalidad, verticalidad y paralelismo
Cálculo de áreas sobre superficies sencillas reales	Denominación y representación geométrica de las figuras
Mediciones sencillas de volúmenes con patrones no convencionales y con el litro	Identificación de semejanzas y congruencias
Planteamiento y solución de ejercicios y problemas sencillos de estructura aditiva con volúmenes	Representación numérica y geométrica de áreas
Mediciones sencillas de masa con patrones no convencionales y convencionales	Representación numérica y gráfica de volúmenes, relaciones de orden
Planteamiento y solución de ejercicios y problemas sencillos de estructura aditiva con masas	Representación numérica y gráfica de ejercicios y problemas de estructura aditiva con volúmenes
Identificación y denominación de unidades de medida del tiempo y relaciones sencillas de conversión	Representación numérica y gráfica de masas y de relaciones de orden

Actividades de aprendizaje	Actividades de evaluación
Planteamiento y solución de ejercicios y problemas sencillos de estructura aditiva con medidas de tiempo	Representación numérica y gráfica de ejercicios y problemas de estructura aditiva con masas
Observación de eventos sencillos y representación de propiedades en estructuras de datos sencillas	Representación numérica y gráfica de las medidas de tiempo
	Representación numérica y gráfica de ejercicios y problemas de estructura aditiva con medidas de tiempo
	Representación en tablas y gráficos de estructuras de datos sencillas
	Interpretación de estructuras de datos sencillas

Nota. Las anteriores son versiones de actividades de aprendizaje que se pueden evaluar con actividades similares en estos grados. Fuente: Elaborado por el autor

Preguntas ejemplo

Las siguientes preguntas constituyen ejemplos de los componentes temáticos y competencias matemáticas en contextos de la vida cotidiana de los niños que cursan los tres primeros grados de EBP.

Componente numérico-variacional, pregunta de razonamiento

En los caminos peatonales del parque Los Almendros encontramos dibujadas las siguientes escaleras con algunas series de números para completar. Descubra el criterio con que se ha organizado la serie y complétela escribiendo los números que hacen falta en cada una de las casillas

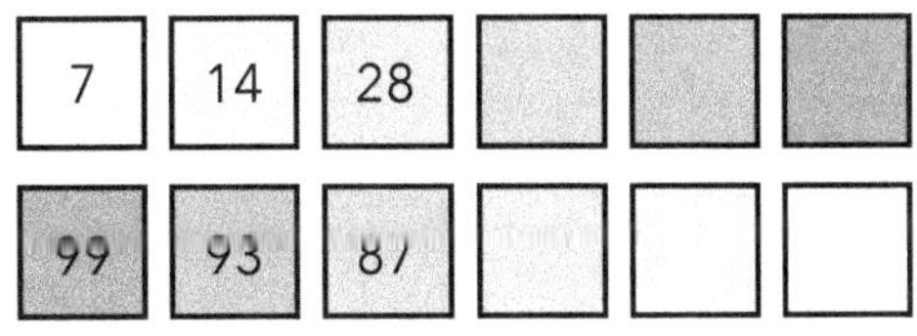

Clave: *En la primera serie están los múltiplos de 7, los faltantes son: 21, 35 y 42. En la segunda serie cada número es el anterior menos 6; los faltantes son: 81, 75 y 69.*

Componente numérico-variacional, pregunta de representación, comunicación y modelación

En el año 1983, en el bosque "Aires del Trópico" fueron sembrados 3.300 árboles. Este número lo podemos descomponer en nuestro sistema decimal, así:

A. 3 unidades + 3 decenas + 0 centenas + 1 millar.
B. 0 unidades + 0 decenas +3 centenas +3 millares.
C. (3 x 1000) + (1 x 100) +(3 x 10) +(0 x 1)
D. (0 x 1000) + (3 x 100) +(3 x 10) +(0 x 1)

Clave B: *En 3.300 hay 3 millares y 3 centenas.*

Componente numérico-variacional, pregunta de solución de problemas

La pista atlética del parque de "Los Titanes" tiene una longitud de 1.850 metros. Si un atleta decide trotar dando 5 vueltas, ¿Cuántos metros recorre en total?

A. 9.025 m.
B. 5.050 m.
C. 9.520 m.
D. 9.250 m.

Clave D: *Recorrido = 5(1.850 m) = 9.250 m.*

Componente métrico-geométrico, pregunta de razonamiento

¿En cuántas unidades ha sido trasladado el triángulo de la derecha con respecto a su posición inicial?

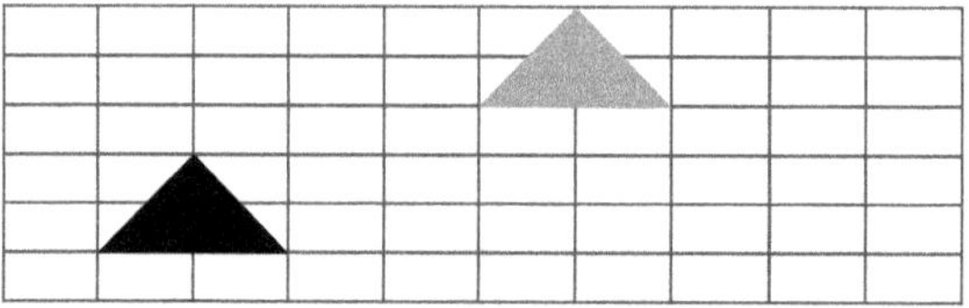

A. 3 unidades a la derecha y 3 unidades arriba.
B. 4 unidades a la derecha y 3 unidades arriba.
C. 2 unidades a la derecha y 1 unidad arriba.
D. 3 unidades a la derecha y 4 unidades arriba.

Clave B: *Para contar las posiciones de desplazamiento se toma un punto de referencia de la figura. Tomando el ángulo inferior derecho se observa que el recorrido es de 4 unidades hacia la derecha. Tomando como referencia el ángulo superior, el recorrido hacia arriba es de 3 unidades.*

Componente métrico-geométrico, pregunta de representación, comunicación y modelación

La piscina olímpica del Complejo Acuático Los Tiburones ha sido representada con el siguiente rectángulo, en el cual ha sido trazada la diagonal CB. Una de las siguientes afirmaciones es falsa:

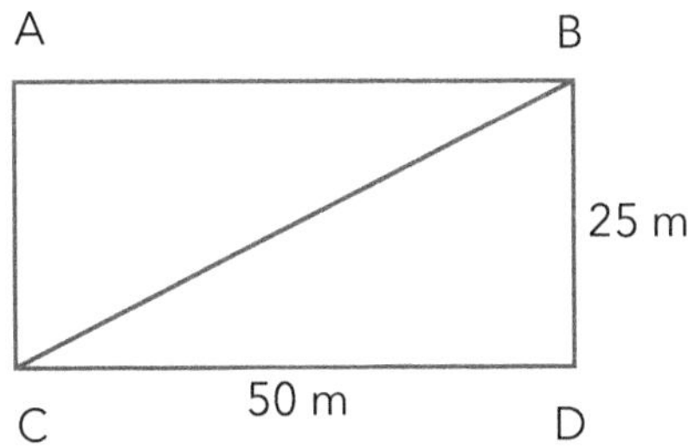

A. Los lados AC y BD son verticales y paralelos.
B. Los triángulos ABC y CBD son congruentes.
C. Los lados AB y CD no son horizontales.
D. Los lados AB y AC son perpendiculares

Clave C: *Los lados AB y CD sí son horizontales.*

Componente métrico-geométrico, pregunta de solución de problemas

Estime la cantidad y el patrón de medida estandarizado más apropiado para cada uno de los siguientes objetos:

Un lápiz puede medir de longitud	A. 1 metro B. 3 kilómetros C. 12 centímetros
Una cuchara sopera puede tener una capacidad de	A. 2 litros B. 7 centímetros cúbicos C. 500 centímetros cúbicos

Una moneda puede tener una masa de	A. 20 gramos B. Una libra C. 1 Kilogramo
La temperatura del agua de una piscina recreativa puede ser de	A. 100 grados C° B. 20° C C. 2.500 grados centígrados

Clave: *De acuerdo con los objetos reales, las medidas más cercanas son: lápiz, 12 cm; una cucharada, 7cm³; una moneda, 20 gr.; la temperatura de la piscina, 20°.*

Componente aleatorio, pregunta de razonamiento

En la siguiente gráfica de barras se muestra la precipitación de Bogotá durante los meses de Julio, Agosto, Septiembre y Octubre.

Precipitación de Bogotá, medida en milímetros (mm)

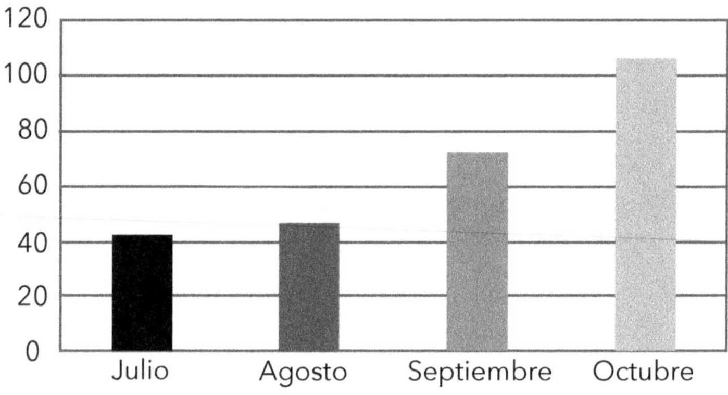

De acuerdo con esta gráfica, es más probable que llueva más intensamente durante el mes de:

A. Julio.
B. Agosto.
C. Septiembre.
D. Octubre.

Clave D: *Las lluvias en octubre son más frecuentes.*

Componente aleatorio, pregunta de representación, comunicación y modelación

La Asociación Colombiana de Ornitólogos organiza en La Hacienda Los Laureles, durante el festival de verano, un concurso llamado Pajareando. Una de las actividades presentadas es calcular el número de aves migratorias que llegan al parque a partir del siguiente pictograma:

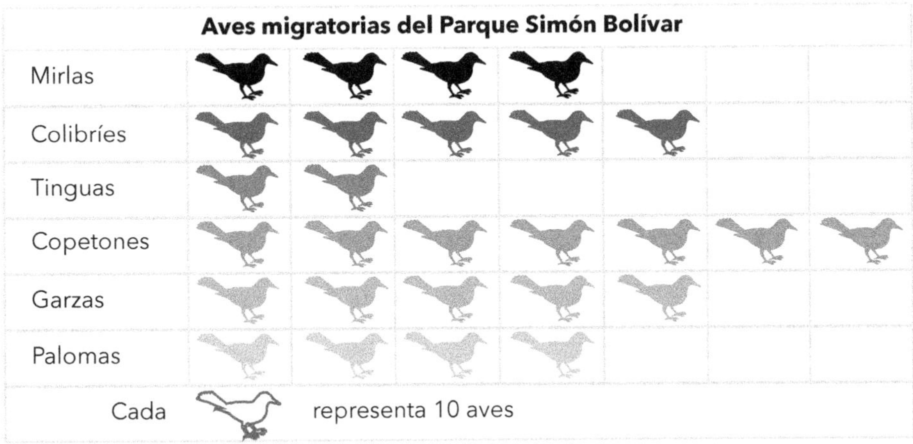

El número total de aves que hay en la hacienda, de acuerdo con este gráfico es:

A. 27
B. 28
C. 270
D. 280

Clave C: *Sumando, hay 27 figuras de aves, como cada una representa 10 aves reales, el total es 270.*

Componente aleatorio, pregunta de solución de problemas

Se lanzan dos monedas hacía arriba. Los posibles sucesos a observar en el piso son:

A. (Cara, sello).
B. (Sello, cara).
C. (Cara, cara); (cara, sello); (sello, cara); (sello, sello).
D. (Cara, cara); (cara, sello); (sello, sello).

Clave D: Son dos posibilidades por moneda (cara o sello), y como son 2 monedas entonces el total de posibilidades = 2^2 = 4. Las 4 posibilidades se expresan como parejas ordenadas (clave C), pero (cara, sello) equivale a (sello, cara). Entonces las posibilidades son 3. La clave D contiene las 3 parejas ordenadas y distintas entre sí.

Grados cuarto y quinto

Componentes y actividades

Tabla 32. Componentes temáticos para los grados cuarto y quinto

Componentes temáticos
Numérico-variacional Sistema decimal: estructura, Relaciones de orden: mayor que, menor que, igual que Propiedades aditivas: suma y resta Propiedades multiplicativas: multiplicación, división Proporcionalidad directa e inversa, variables Fracciones menores de la unidad: propiedades, conversión a expresiones decimales
Geométrico-métrico Magnitudes lineales: medición en sistema decimal Ángulos: reconocimiento, tipos, propiedades, medición Superficies: Relaciones de paralelismo, perpendicularidad y oblicuidad Figuras geométricas (bidimensionales): reconocimiento, propiedades, tipos Relaciones de congruencia y semejanza Patrones geométricos: círculo, triángulos, cuadriláteros: propiedades, tipos, mediciones y cálculo de perímetros y áreas Cuerpos geométricos (tridimensionales): reconocimiento, propiedades Patrones geométricos: Paralelepípedo, esfera y cono: propiedades, mediciones y cálculo de volúmenes, áreas de caras y longitud de contornos
Aleatorio Estructuras sencillas de datos (cualitativos y cuantitativos): organización e interpretación. Graficación en líneas, barras y círculos. Cálculo de media Eventos aleatorios sencillos: Observación, representación, predicciones

Nota. En los anteriores listados temáticos para estos grados se observan diversos puntos de articulación. Fuente: Elaborado por el autor

Tabla 33. Actividades de aprendizaje y de evaluación para los grados cuarto y quinto

Actividades de aprendizaje	Actividades de evaluación
Identificación de la estructura del sistema de numeración decimal hasta millones	Reconocimiento del valor posicional de un dígito en un número natural
Identificación y aplicación de las propiedades en las relaciones de orden en el conjunto de los números naturales	Composición y descomposición de un número natural de acuerdo con el valor posicional de sus dígitos
Identificación de las propiedades de las estructuras aditiva y multiplicativa en el conjunto de los números naturales	Utilización de las propiedades de las estructuras aditiva y multiplicativa para el planteamiento y solución de ejercicios y problemas
Planteamiento y solución de ejercicios y problemas de estructura aditiva y multiplicativa	Utilización de la transformación, comparación e igualación para el planteamiento y solución de problemas
Formulación y resolución de problemas en situaciones de proporcionalidad directa e inversa y producto de medidas	Relación y representación de patrones numéricos con tablas y reglas verbales
Identificación de las propiedades en el conjunto de los números fraccionarios menores de la unidad	Utilización de la notación decimal para expresar fracciones en diferentes contextos y relacionar estas dos notaciones con los porcentajes
Reconocimiento de figuras bidimensionales: componentes y propiedades	Construcción, descomposición y clasificación de figuras bidimensionales
Reconocimiento de objetos tridimensionales: componentes y propiedades	Identificación y justificación de relaciones de congruencia y semejanza entre figuras
Identificación, representación, utilización y medida de ángulos en distintos contextos	Construcción, descomposición y clasificación de cuerpos tridimensionales
Utilización del sistema métrico decimal (SMD) de las distintas magnitudes: longitudes, superficies, volúmenes, capacidad peso y masa de los cuerpos	Utilización de ángulos en giros, aberturas, inclinaciones, puntas y esquinas en situaciones estáticas y dinámicas
Elaboración y representación de estructuras de datos tomados de situaciones determinadas (datos cualitativos y cuantitativos)	Utilización del SMD para realizar cálculos estimados y resolver problemas de la ciencia y de la vida social, económica
Descripción de eventos aleatorios surgidos de situaciones reales	Utilizar sistemas de coordenadas para especificar localizaciones y describir relaciones espaciales

Actividades de aprendizaje	Actividades de evaluación
	Interpretación de tablas y gráficas (pictogramas, de barras, diagramas de líneas, diagramas circulares)
	Cálculo de las medidas de tendencia central
	Predicciones acerca de la posibilidad de ocurrencia de un evento

Nota. Las anteriores son versiones de actividades de aprendizaje que se pueden evaluar con actividades similares. Fuente: Elaborado por el autor

Preguntas ejemplo

Componente numérico-variacional, pregunta de razonamiento

Tabla 34. Datos básicos países

Países	Capital	Superficie territorial (km²)	Habitantes
Colombia	Bogotá	1.141.750	47.000.000
Brasil	Brasilia	8.514.877	195.000.000
El Salvador	San Salvador	21.041	5.800.000
Ecuador	Quito	283.561	15.100.000
Panamá	Panamá	75.517	3.400.000
Perú	Lima	1.285.220	28.300.000

Nota. Fuente: http://datos.bancomundial.org/nueva-clasificacion-de-paises

De acuerdo con la Tabla de datos de algunos países americanos, podemos afirmar:

A. Brasil es 7 veces más grande que Colombia y El Salvador es 54 veces más pequeño que Colombia, aproximadamente.
B. El país con mayor densidad de población es Brasil.
C. Los países más pequeños en extensión territorial son El Salvador y Ecuador.
D. El total de habitantes de los demás países es mayor que la población de Brasil.

Clave C: *En la columna "Superficie territorial", los datos menores son los de El Salvador y Ecuador.*

Componente numérico-variacional, pregunta de representación, comunicación y modelación

Con respecto a los datos, Benedicto desea expresar una relación de orden y, por lo tanto, enuncia: De mayor a menor, el orden de los países, de acuerdo con su extensión territorial, es:

A. Brasil, Colombia, Perú, El Salvador, Panamá, Ecuador.
B. Brasil, Perú, Colombia, Panamá, Ecuador, El Salvador.
C. Brasil, Perú, Colombia, Ecuador, Panamá, El Salvador.
D. Colombia, Perú, Brasil, Ecuador, Panamá, El Salvador.

Clave C: *En la columna "Superficie territorial", los datos ordenados de mayor a menor corresponden a estos países, en donde Brasil es el más grande y El Salvador, el más pequeño.*

Componente numérico-variacional, pregunta de solución de problemas

Gran Promoción
Galleta boliviana
2 galletas Quinua por $800

¿Si Nidia dispone de $8.000, cuántas galletas puede comprar para ofrecer al mayor número de amigas?

A. 5
B. 10
C. 15
D. 20

Clave D: *Para ofrecer galletas a la mayor cantidad de amigas, Nidia necesita gastar todo su dinero. Si dos galletas cuestan $800, una vale $400. Para saber cuántas puede comprar se divide el dinero que posee entre el valor de una galleta: $8.000/$400 = 20.*

Componente métrico-geométrico, pregunta de razonamiento

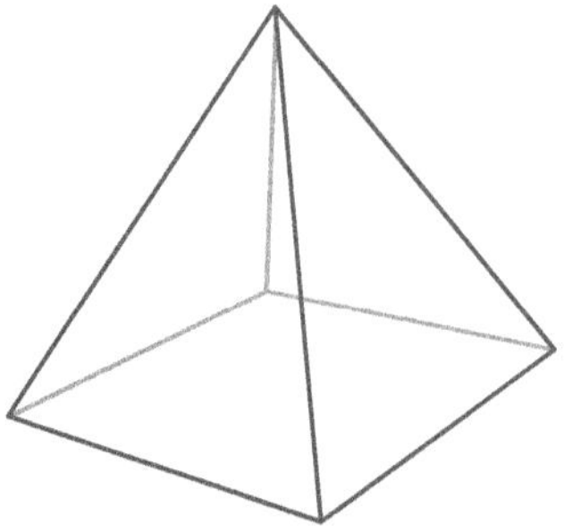

La pirámide representada cuenta con

A. 8 caras, 5 aristas y 8 vértices.
B. 8 caras, 5 aristas y 5 vértices.
C. 5 caras, 8 aristas y 5 vértices.
D. 5 caras, 5 aristas y 8 vértices.

Clave C: *La pirámide de base cuadrada tiene una cara de base cuadrada y cuatro triangulares laterales, para un total de 5 caras. Posee cuatro aristas en la base y cuatro laterales, para un total de 8 aristas. Tiene un vértice superior y cuatro en la base, para un total de 5 vértices.*

Componente métrico-geométrico, pregunta de representación, comunicación y modelación

El gráfico representa el plano de un pequeño poblado. Las líneas verticales representan las calles, las líneas horizontales las carreras. Un ingeniero necesita ubicar los puntos denominados con las letras A, B, C, D y E, en las que el primer valor corresponde a la calle y el segundo a la carrera. Ayude al ingeniero a ubicar estos puntos.

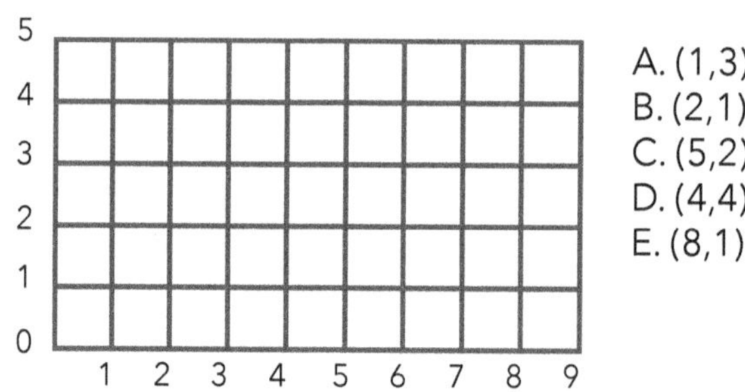

Componente métrico-geométrico, pregunta de solución de problemas

La piscina Remanso del Parque de las Aguas tiene 700 metros de largo. Valentina atravesó la piscina en 20 minutos. ¿Cuántos metros nadó en promedio por minuto?

A. 35 metros por minuto.
B. 35 metros cuadrados por minuto.
C. 350 metros por minuto
D. 3.500 cm por segundo

Clave A: *Para saber cuántos metros nadó Valentina por minuto, se divide el espacio recorrido entre el tiempo empleado: V = 700 m/20 min = 35 m/min.*

Componente aleatorio, pregunta de razonamiento

Los estudiantes de 5A del Colegio Rafael Pombo presentaron las Pruebas Saber, cuyo número de preguntas por área se presenta en la Tabla 35. En el gráfico 1 se expone el total de respuestas correctas que tuvieron cuatro estudiantes de este curso.

Tabla 35. Tipo de prueba y número de preguntas

Pruebas	Lenguaje	Matemática	Ciencias	Competencias Ciudadanas
N°	20	20	20	20

Gráfico 1. Respuestas acertadas de cada estudiante

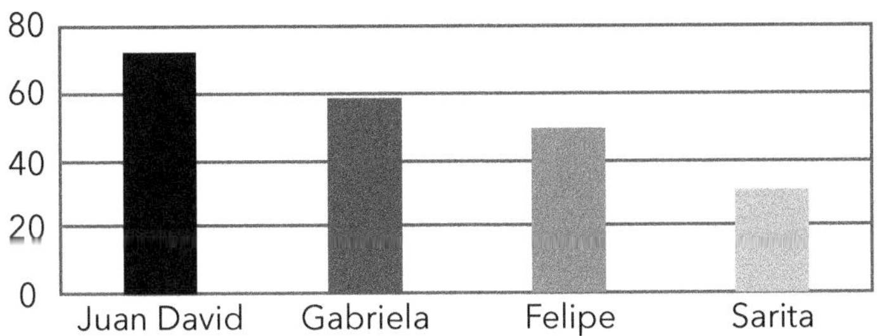

Según la gráfica, ¿quiénes contestaron correctamente más de la mitad de las preguntas?

A. Sarita y Felipe.
B. Juan David, Gabriela y Felipe.
C. Felipe y Gabriela, únicamente.
D. Solamente Juan David.

Clave B: *El total de preguntas fue 80, la mitad, 40. Los que respondieron correctamente más de 40 puntos fueron Juan David, Gabriela y Felipe.*

Componente aleatorio, pregunta de representación, comunicación y modelación

La profesora de Lengua Castellana del Colegio Los Buenos Maestros preguntó a sus 15 estudiantes de 5 A cuál de los 4 libros del Plan de Lectura les había gustado más. Estos libros son: La máquina del tiempo, Dr. Jekyll y Mr. Hyde, La tormenta y Los amigos del hombre. Con las respuestas de los estudiantes, la profesora elaboró la siguiente gráfica circular.

Gráfica 2. Preferencias de lectura

Estudiantes de 5A Colegio Los Buenos Lectores

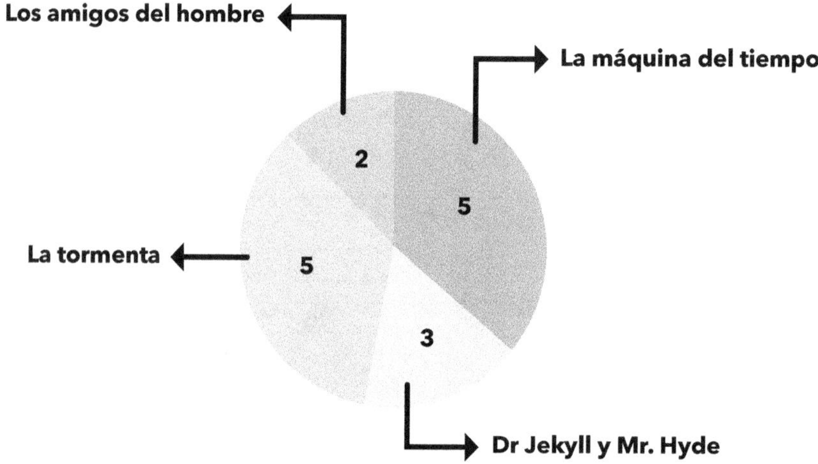

De acuerdo con la Gráfica 2, ¿cuáles fueron los dos libros que gustaron más a los estudiantes?

A. Los amigos del hombre y la Máquina del tiempo.
B. La Tormenta y el Dr. Jekyll y Mr. Hyde.
C. Los amigos del hombre y la Tormenta.
D. La Tormenta y la Máquina del tiempo.

Clave D: *De acuerdo con la gráfica las áreas mayores corresponden a La Tormenta y La Máquina del Tiempo, cada uno con 5 estudiantes.*

Componente aleatorio, pregunta de solución de problemas

Para asistir a la "Feria de la Ciencia de los niños" programada por COLCIENCIAS era necesario haber obtenido un puntaje superior a la media del grupo de estudiantes sobresalientes en Ciencias. En el siguiente gráfico de barras se muestran los resultados en Ciencias obtenido por el grupo.

Gráfico 3. Puntajes por estudiante.

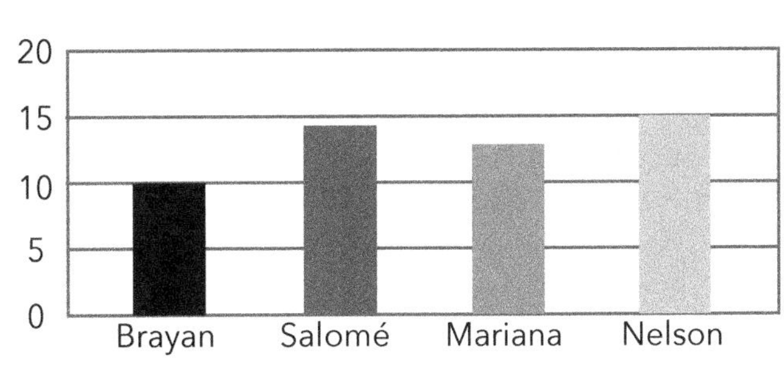

Puntaje

¿Quiénes fueron descalificados para asistir a la Feria?

A. Salomé y Brayan.
B. Brayan y Mariana.
C. Mariana y Nelson
D. Nelson y Salome

Clave B: *La media del grupo está por encima de 12 puntos. Brayan tiene 10 y Mariana 12; ambos están por debajo de la media.*

Grados sexto a noveno

Los grados que corresponden a la educación básica secundaria tienen como objetivo específico el desarrollo del pensamiento lógico-matemático, es decir, el desarrollo integrado de las múltiples y variadas experiencias con los números en el acto de comparar, componer y descomponer. Los números son útiles para expresar las medidas de distintas magnitudes, entre ellas las relacionadas con el espacio, que a su vez se representa en los sistemas geométricos. El gran objetivo del área para Básica Secundaria se expresa de la siguiente forma en la *Ley general de educación* (MEN, 1994):

> El desarrollo de las capacidades para el razonamiento lógico mediante el dominio de los sistemas numéricos, geométricos, métricos, lógicos, analíticos, de conjuntos, de operaciones y relaciones, así como su utilización en la interpretación y solución de problemas de la ciencia, de la tecnología y de la vida cotidiana (Literal c, Artículo 22).

Para cumplir con este objetivo, los profesores necesitan implementar estrategias que permitan a los estudiantes construir estructuras de pensamiento, especialmente para la solución de problemas teórico-prácticos, de identificación y clasificación de prioridades, de fortalecimiento de responsabilidad para la convivencia y para el desarrollo de la vida social. Uno de los propósitos a lograr es afianzar su pensamiento hipotético-deductivo (formular y probar varios caminos o hipótesis para solucionar un problema), por lo que es recomendable potenciar sus habilidades para el manejo de la tecnología, la información y las comunicaciones, de tal forma que les permita ampliar e integrar sus conocimientos y la red de amigos.

Al tiempo, es fundamental trabajar con contextos situacionales que ayuden al adolescente a comprender la etapa de la vida que está viviendo: los cambios en su cuerpo y comportamiento, su apariencia personal, las relaciones con el otro sexo, etc., para que sientan que, desde Matemática, los docentes les comprenden, orientan y brindan apoyo emocional.

Componentes y actividades

Tabla 36. Componentes temáticos (grado 6 a 9)

Componentes temáticos
Numérico-variacional Operaciones aritméticas dentro de los reales (enteros, racionales e irracionales, fracciones y decimales): Suma, resta, multiplicación, división, potenciación, radicación, logaritmación. Descomposición factorial. Algoritmos y propiedades. Secuencias numéricas. Estimación. Notación científica Proporcionalidad aritmética y geométrica, representación Lenguaje algebraico: Situaciones de variación: cambios y dependencias, constantes y variables. Expresiones algebraicas: términos, monomios, polinomios. Representación geométrica en plano cartesiano Relaciones algebraicas: Equivalencias aritméticas y algebraicas Ecuaciones: propiedades, representación gráfica Operaciones algebraicas: Suma, resta, multiplicación, división, potenciación, radicación, logaritmación Funciones: Concepto. Funciones Monómicas y polinómicas Funciones Lineales, cuadráticas, exponenciales, trigonométricas
Geométrico-métrico Cuerpos geométricos: Vistas, componentes: caras, aristas, vértices Patrones geométricos: Esfera, cubo, paralelepípedo, pirámide, cono Transformaciones: Traslación, rotación, reflexión (simetría), fragmentación, integración. Homotesias: ampliación, reducción. Volumen: Medición Cálculo de volúmenes de cuerpos geométricos: esfera, cubo, paralelepípedo, pirámide, cono Masa: Instrumentos de medición Unidad de medida: Gramo, múltiplos, submúltiplos. Tiempo: Instrumentos de medición Unidades de medidas: Segundo, minuto… Dinero: Concepto, sistema monetario, unidades de medida, conversiones Magnitudes combinadas: Densidad, velocidad, flujo, energía
Aleatorio Sistemas de datos: Tipos de datos, organización, estructura, representación (tablas y gráficas), interpretación Datos cualitativos: Codificación, organización, representación, interpretación, análisis de frecuencias, moda, inferencias Datos numéricos o cuantitativos: Codificación, organización, representación, análisis de frecuencias, interpretación Medidas de tendencias central: Moda, media, mediana Representación, interpretación, inferencias Medidas de dispersión: Desviación, rango, varianza

Componentes temáticos
Aleatorio Representación, interpretación, inferencias Posibilidad de ocurrencia, probabilidad, improbabilidad

Nota. Se observa articulación conceptual entre las temáticas de los componentes de estos grados
Fuente: Elaborado por el autor

Tabla 37. Actividades de aprendizaje y evaluación para los grados sexto a noveno

Actividades de aprendizaje	Actividades de evaluación
Utilización de los números reales en sus diferentes representaciones	Solución de ejercicios y problemas que impliquen operaciones de números reales
Formulación de expresiones algebraicas equivalentes a expresión aritméticas dadas	Solución de ejercicios y problemas utilizando las equivalencias
Modelación de situaciones de variación con funciones monómicas y polinómicas	Identificación de constantes y variables en funciones. Representación gráfica
Identificación de distintos métodos para la resolución de ecuaciones lineales	Solución de ejercicios y problemas mediante el uso de distintos métodos de solución
Análisis en representación gráficas cartesianas del comportamiento de funciones monómicas, polinómicas, racionales y exponenciales	Ubicación de puntos y cálculo de distancias en el plano cartesiano. Identificación del tipo de funciones representadas
Utilización de la notación científica para representar cantidades y medidas	Solución de ejercicios y problemas con el uso de expresiones en notación científica
Uso de la potenciación y la radicación para representar situaciones cotidianas, científicas y matemáticas	Solución de ejercicios y problemas que impliquen estas operaciones
Criterios de congruencia y semejanza de triángulos	Demostración de teoremas que impliquen congruencia y semejanza de triángulos
Clasificación de polígonos en relación con sus propiedades	Solución de ejercicios y problemas relacionados con cálculo de áreas y de perímetros
Aplicaciones de transformaciones (traslaciones, rotaciones, reflexiones) y homotecias sobre figuras bidimensionales y cuerpos tridimensionales	Solución de ejercicios y problemas relacionados con transformaciones y homotecias
Reconocimiento e interpretación de diversas maneras de representar datos	Organización de tablas de datos a partir de figuras. Identificación de frecuencias y medias

Actividades de aprendizaje	Actividades de evaluación
Calculo de áreas y volúmenes a través de la composición y descomposición de figuras y cuerpos	Solución de ejercicios y problemas relacionados con composición y descomposición de cuerpos y figuras geométricas
Formulación y resolución de problemas que involucren factores escalares (mapas, planos, etc.)	Elaboración e interpretación de mapas y planos. Cálculo de distancias reales a partir de las escalas
Interpretación de medidas de tendencia central: media, mediana y moda	Planteamiento y solución de ejercicios y problemas mediante el uso de media, moda y mediana
Selección y uso de técnicas e instrumentos para medir con precisión ángulos, longitudes, áreas, volúmenes, masa y tiempo	Medición con precisión de ángulos, longitudes, áreas, volúmenes, masa de cuerpos y duración de eventos
Cálculo de la probabilidad de eventos por métodos diversos (listados, diagramas de árbol, técnicas de conteo)	Solución de ejercicios y problemas mediante el uso de estas técnicas
Uso de los conceptos de probabilidad e improbabilidad	Solución de ejercicios y problemas hipotéticos sobre probabilidad e improbabilidad

Nota. Las anteriores son formas de plantear actividades de aprendizaje evaluables con actividades similares. Fuente: Elaborado por el autor

Preguntas ejemplo

A continuación se expondrá una situación ejemplo por cada uno de los componentes temáticos y competencias del área de Matemáticas.

Componente numérico-variacional, pregunta de razonamiento

Entre los siguientes, el cuadrado de un número natural es

A. 528
B. 323
C. 287
D. 676

Clave D: *26 X 26 = 676, las demás opciones no son cuadrados perfectos.*

Componente numérico-variacional, pregunta de representación, comunicación y modelación

En su finca, la señora Ana Laura necesita construir un tanque y para ello le muestra la siguiente tabla al Maestro de Obra para que él estime el diámetro del tubo de salida del agua. El maestro, luego de mirar la tabla, comenta que entre las variables "Área del Orificio" y "Tiempo de salida del agua" hay una proporción:

Tabla 38. Área del orificio vs. Tiempo de salida

Área del orificio (cm^2)	24	12	48		96		2
Tiempo de salida del agua (min)	2	4		6		16	

A. Directa.
B. Inversa.
C. Estándar.
D. Geométrica.

Clave B: *Las variables "diámetro del tubo" y "tiempo de salida de agua" son inversas, porque si se incrementa el diámetro del tubo disminuye el tiempo de salida del agua.*

Componente numérico-variacional, pregunta de solución de problemas

$$SO_3 + H_2O \quad H_2SO_4$$

El óxido sulfúrico reacciona con agua para formar ácido sulfúrico. Se ha encontrado experimentalmente que 80 gramos de SO3 reaccionan con 18 gramos de H2O para formar 98 gramos de H2SO4. Diderot, profesor de Química, ha solicitado a un grupo de estudiantes cuidadosos, capaces de trabajar con sustancias peligrosas, que prepare en el laboratorio 147 gramos de ácido sulfúrico. ¿Cuánto óxido y cuánta agua necesitan?

A. 130 g de óxido y 29 g de agua.
B. 120 g de óxido y 27 g de agua.
C. 110 g de óxido y 22 g de agua.
D. 100 g de óxido y 20 de agua.

Clave B: *El problema se puede resolver aplicando las proporciones:*

masa de SO_3 = *(80 g* SO_3*)(147 g* $H2SO_4$*)/98 g* H_2SO_4
masa de SO_3 = *120 g* SO_3

De igual manera se procede con la cantidad de agua

masa de H_2O = *(18 g* H_2O*)(147 g* H_2SO_4*)/98 g* H_2SO_4
masa de H_2O = *27 g* H_2O

Componente métrico-geométrico, pregunta de razonamiento

En el cuadrado ABCD está inscrito el cuadrado EFGH.

De la anterior figura se puede afirmar que:

A. El perímetro del cuadrado externo es el doble del perímetro del cuadrado interno.
B. El área del cuadrado ABCD es 1,5 veces mayor que el área del cuadrado EFGH.
C. El área del cuadrado interno es igual a la suma de las áreas de los triángulos.
D. La diagonal del cuadrado EFGH es la mitad de la diagonal del cuadrado ABCD.

Clave C: *El cuadrado externo es ABCD y el interno EFGH. Si se trazan las diagonales al cuadrado interno se forman 4 triángulos iguales a los ya existentes.*

Componente métrico-geométrico, pregunta de representación, comunicación y modelación

El área total de la figura es:

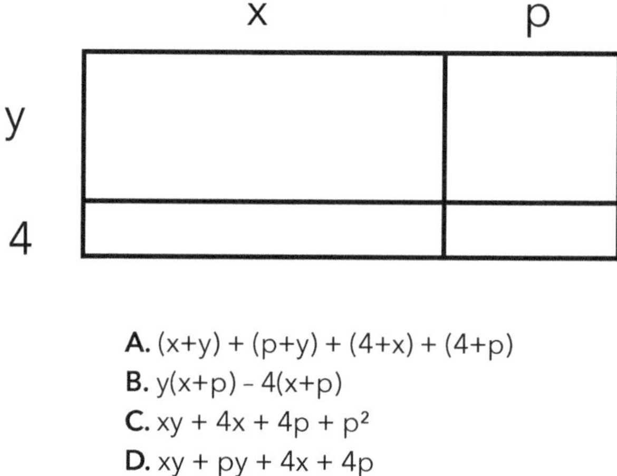

A. $(x+y) + (p+y) + (4+x) + (4+p)$
B. $y(x+p) - 4(x+p)$
C. $xy + 4x + 4p + p^2$
D. $xy + py + 4x + 4p$

Clave D: *El área del rectángulo superior izquierdo es xy, del superior derecho py; del inferior izquierdo 4x; y del inferior derecho 4p.*

Componente métrico-geométrico, pregunta de solución de problemas

Los dos cuadrados son congruentes y representan láminas de aluminio A y B, en las cuales se hacen huecos de forma circular:

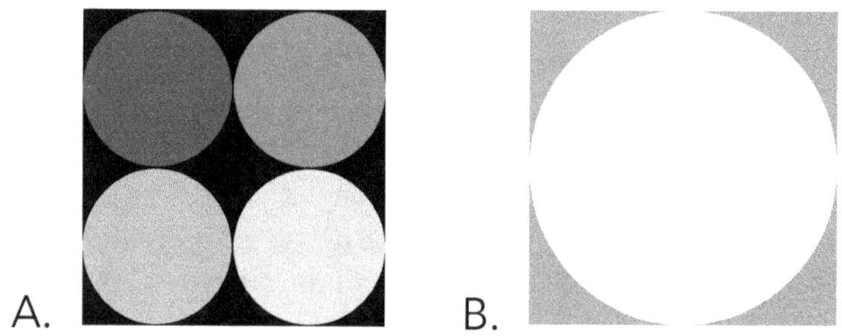

Con respecto a la utilización de la lámina, se puede afirmar que:

A. Se desperdicia mayor cantidad de material en el cuadrado A porque se hacen 4 círculos huecos.
B. Se desperdicia mayor cantidad de material en el cuadrado B porque el hueco utiliza más material que los 4 huecos pequeños.
C. La cantidad de material desperdiciado es la misma, porque la suma del área de los 4 círculos pequeños es equivalente al área del círculo en B.
D. Se desperdicia mayor cantidad de material en el cuadrado B, porque el radio del círculo grande es el doble que el de los círculos pequeños.

Clave C: *Para resolver el ejercicio se calculan las áreas de los cuatro círculos pequeños de la figura A, y del círculo grande de la figura B, utilizando la misma variable en ambos casos.*

Si r es el radio de cada circulo pequeño, entonces, el área de los cuatro será igual a

$$A = 4\pi r^2$$

Como r es el radio del círculo pequeño, 2r será el radio del círculo grande y su área igual a

$$A' = (2r)^2\pi = 4\pi r^2$$

Se observa que las áreas de los 4 círculos pequeños de la figura A equivalen al área del círculo grande de la figura B.

Componente aleatorio, pregunta de razonamiento

En el siguiente gráfico se relaciona la precipitación mensual registrada en el primer semestre del año por el Instituto Pluviométrico de una ciudad.

Gráfico 4. Lluvias por mes en mm.

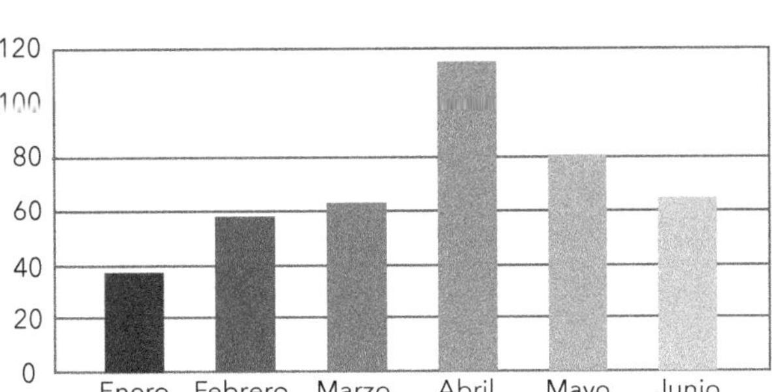

De acuerdo con el anterior gráfico, podemos concluir que la precipitación mensual disminuyó más, entre los meses de:

A. Enero y Febrero.
B. Febrero y Marzo.
C. Abril y Mayo.
D. Mayo y Junio.

Clave C: *La disminución se muestra comparando la precipitación de un mes con la del anterior. En el gráfico se observa que la precipitación de mayo fue inferior a la de Abril en 30 mm; la de junio fue inferior a la de Mayo en aproximadamente 15 milímetros. En los demás meses no hubo disminución sino aumento.*

Componente aleatorio, pregunta de representación, comunicación y modelación

A los 80 estudiantes de los cursos 9°A y 9° B del Colegio, se les pregunta si han leído la novela de García Márquez "Cien años de Soledad". Los resultados son los siguientes:

De las 50 mujeres, 35 han leído la novela.
De los 30 hombres, 25 han leído la novela.

¿Cuál de las cuatro opciones siguientes representa correctamente la información de esta encuesta de lectura?

Lectura de Cien años de soledad

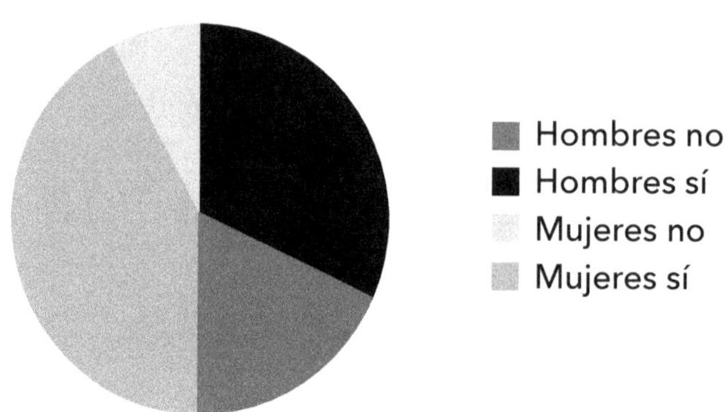

Hombres Sí	Hombres No	Mujeres Sí	Mujeres No
31%	6%	44%	10%

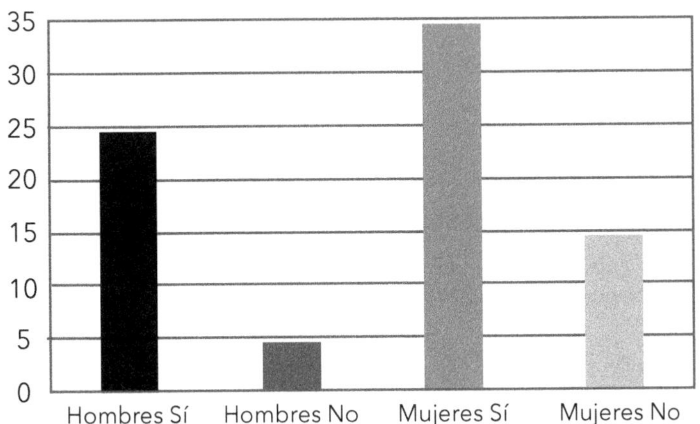

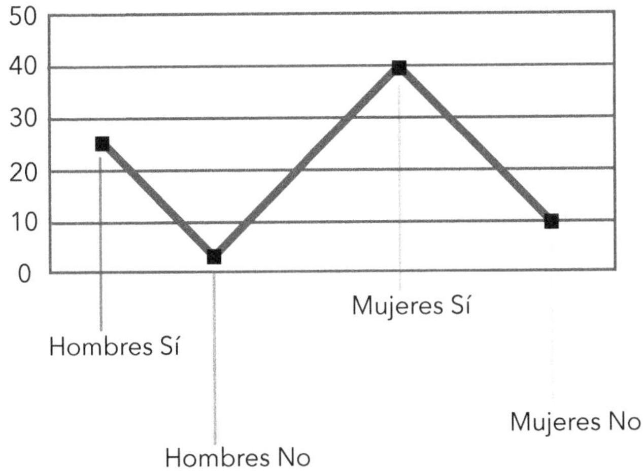

A. Gráfico Circular.
B. Tabla de Datos.
C. Gráfica de barras.
D. Gráfica de líneas.

Clave C: *La gráfica de barras expone cada uno de los datos del enunciado.*

Componente aleatorio, pregunta de solución de problemas

La probabilidad de obtener 3 caras cuando se lanzan al mismo tiempo 3 monedas es.

A. 1/8
B. 2/8
C. 3/8
D. 3/4

Clave A: *Se trata de una probabilidad condicional. En una moneda la probabilidad de obtener cara es ½, como son 3 monedas se multiplica esta probabilidad tantas veces por el número de monedas: (½)*(½)* (½) = 1/8.*

Educación media: grados 10 y 11

De acuerdo con el Artículo 27 de la Ley 115:

> La educación media constituye la culminación, consolidación y avance de los logros de los grados anteriores [...] Tiene como fin la comprensión de las ideas y valores universales y la preparación para el ingreso del educando a la educación superior y al trabajo (MEN, 1994).

Ello significa que en los grados Décimo y Undécimo se produce una síntesis del conocimiento de la educación básica y su proyección para la configuración de un pensamiento y un modo de ser a escala universal. Así, para que la educación matemática sea consecuente con este gran propósito, es menester comprender el contexto de vida general de los estudiantes que cursan estos grados. Los 15 y los 16 años constituyen la edad escolar normalizada para la educación básica secundaria. Sin embargo, es preciso comprender que algunos pueden estar por debajo de los 14 y otros por encima de los 16, y que además los ritmos de desarrollo son distintos entre unos y otros.

Por lo general estas edades continúan con un desarrollo físico pronunciado, más notorio en los varones que en las jovencitas. En ambos se acentúa el interés por la apariencia física y por consolidar núcleos de amigos, que funcionan como ambientes de diálogo y espacios para explorar el mundo y, en especial, las relaciones con el sexo opuesto; también se da una búsqueda de nuevos valores que se aparten de lo tradicional. Se destaca un interés por la organización social, por lo político y lo económico y se desarrolla con mayor fuerza el pensamiento crítico. En este momento se espera que los adolescentes hayan dado el paso hacia el pensamiento formal, acentuado en el dominio de premisas generales, con razonamientos con énfasis deductivo. Sin embargo, no todos ellos lo logran, algunos, quizás muchos, siguen con el pensamiento concreto y con una estrategia de razonamiento especialmente inductiva. La observación y sabiduría del docente podrá identificar cuál es el estado de cada uno de sus estudiantes.

Lo anterior tiene implicaciones metodológicas, en el sentido de que es necesario contextualizar los contenidos del área partiendo de situaciones que capten el interés, especialmente con aquellos derivados de situaciones sociales e individuales. Los lineamientos del ICFES proponen utilizar situaciones financieras, de divulgación científica, social y ocupacional (ICFES, 2013, p.11). De los contextos situacionales es preciso saltar a los contextos teóricos propios de la matemática, de la ciencia y de la tecnología, y trabajar en ambientes ricos en información audio-visual, combinando los esfuerzos individuales con la labor grupal.

Es muy importante que los docentes permanezcan atentos al desarrollo cognitivo de los estudiantes. Se esperaría que en estos grados todos hayan desarrollado el pensamiento abstracto, pero realmente no es así. Algunos aún continúan con el pensamiento concreto o están en tránsito hacia el abstracto. Para estos casos es necesario abordar los nuevos temas desde lo concreto y pasar rápidamente a lo simbólico para facilitar el camino a lo abstracto.

Componentes y actividades

Tabla 39. Componentes temáticos para los grados décimo y undécimo

Componentes temáticos
Numérico-variacional Propiedades de los números naturales, enteros, racionales, irracionales y reales; relaciones y operaciones Relaciones y diferencias entre notaciones de números reales para decidir sobre su uso en una situación dada Densidad e incompletitud de los números racionales a través de métodos numéricos, geométricos y algebraicos Técnicas de aproximación en procesos infinitos numéricos Relaciones y propiedades entre las expresiones algebraicas y las gráficas de funciones polinómicas y racionales y de sus derivadas Variación periódica con funciones trigonométricas sus derivadas
Geométrico-métrico Relaciones de paralelismo y ortogonalidad entre rectas Características de localización de objetos geométricos (en especial de curvas y figuras cónicas) en sistemas de representación cartesiana y otros (polar, cilíndrico y esféricos)

Componentes temáticos
Geométrico-métrico Representación gráfica y algebraica de algunas propiedades de las curvas que se observan en los bordes obtenidos por cortes longitudinales, diagonales y transversales en un cilindro y en un cono Sistemas de medición de espacio, masa, tiempo y de magnitudes combinadas. Unidades de medida, conversiones, equivalencias
Aleatorio Sistemas de datos: Tipos de datos, organización, estructura, representación (tablas y gráficas), interpretación Medidas de tendencias central: Moda, media, mediana, rango medio. Representación, interpretación, inferencias Medidas de dispersión: Desviación, rango, varianza, desviación estándar. Representación, interpretación, inferencias Arreglos, representación, interpretación, tipos: condicionados, no condicionados. Posibilidad de ocurrencia, probabilidad, improbabilidad

Nota. Los campos temáticos de estos grados superan a los de básica y a la vez los integran.
Fuente: Elaborado por el autor

Tabla 40. Actividades de aprendizaje y evaluación para los grados décimo y undécimo

Actividades de aprendizaje	Actividades de evaluación
Identificación de las propiedades de los números naturales, enteros, racionales, irracionales y reales; relaciones y operaciones	Planteamiento y resolución de ejercicios y problemas en el universo de los Reales
Identificación de relaciones entre notaciones de números reales para decidir sobre su uso en una situación dada	Expresión en decimales de racionales e irracionales para comparar su valor
Implementación de técnicas de aproximación en procesos infinitos numéricos	Cálculo de límites en series numéricas
Análisis de relaciones y propiedades entre las expresiones algebraicas y las gráficas de funciones polinómicas y racionales y de sus derivadas	Planteamiento y resolución de ejercicios y problemas mediante el uso de expresiones algebraicas y funciones
Análisis de la variación periódica con funciones trigonométricas sus derivadas	Planteamiento y resolución de ejercicios y problemas relacionados con variación periódica con funciones
Reconocimiento de las relaciones de paralelismo y ortogonalidad entre rectas	Demostración gráfica y algebraica del paralelismo y la ortogonalidad

Actividades de aprendizaje	Actividades de evaluación
Identificación de las características de localización de objetos geométricos (en especial de curvas y figuras cónicas) en sistemas de representación cartesiana y otros (polar, cilíndrico y esféricos)	Planteamiento y resolución de ejercicios y problemas que impliquen localización de objetos geométricos
Identificación visual, gráfica y algebraica de algunas propiedades de las curvas que se observan en los bordes obtenidos por cortes longitudinales, diagonales y transversales en un cilindro y en un cono	Planteamiento y resolución de ejercicios y problemas que impliquen cortes longitudinales, diagonales y transversales en cilindros y conos
Identificación de los sistemas de medición de espacio, masa, tiempo y de magnitudes combinadas	Planteamiento y resolución de ejercicios y problemas relacionados con espacio, masa, tiempo y magnitudes combinadas mediante el uso del sistema métrico decimal
Organización, representación e interpretación de sistemas de datos	Elaborar gráficos partiendo de tablas de datos y éstas a partir de gráficos
Cálculo de medidas de tendencias central: Moda, media, mediana, rango medio. Representación, interpretación, inferencias	Planteamiento y solución de ejercicios y problemas mediante el cálculo de medidas de tendencia central
Cálculo de medidas de dispersión: Desviación, rango, varianza, desviación estándar. Representación, interpretación, inferencias	Planteamiento y solución de ejercicios y problemas mediante el cálculo de medidas de dispersión
Organización de arreglos, representación, interpretación, tipos: condicionados, no condicionados	Representación de arreglos condicionados y no condicionados a través de parejas ordenadas
Análisis de posibilidad de ocurrencia, probabilidad, improbabilidad	Cálculo de probabilidades de ocurrencia de eventos a partir de situaciones dadas

Nota. En la tabla se pueden comparar las actividades de aprendizaje con distintas actividades de evaluación. Fuente: Elaborado por el autor

Preguntas ejemplo

Componente numérico-variacional, pregunta de razonamiento

Con respecto a los números Racionales e Irracionales, como subconjuntos de los Reales, se puede afirmar que:

A. La expresión 2/3 es racional porque expresa el cociente de dos números enteros.
B. La expresión 2/3 es irracional porque expresada en decimales da una serie periódica infinita.
C. La expresión $\sqrt{13}$ es racional porque 13 es número primo.
D. La expresión $\sqrt{13}$ es irracional porque se puede expresar como la razón de dos números enteros.

Clave A: *Los racionales se definen como el cociente de dos números enteros, así su expresión decimal sea de series periódicas infinitas. Los irracionales no cumplen con esta regla; por ejemplo, todas las raíces cuadráticas de números primos son irracionales.*

Componente numérico-variacional, pregunta de representación, comunicación y modelación

De acuerdo con las funciones

$$F(x) = 3x + 2$$
$$G(x) = 2x + 3$$

A. F(x) corta al eje *y* en 2 y su pendiente es menor que G(x)
B. F(x) corta al eje *y* en 3 y su pendiente es mayor que G(x)
C. G(x) corta al eje *y* en 2 y su pendiente es mayor que F(x)
D. G(x) corta al eje *y* en 3 y su pendiente es menor que F(x)

Clave D: *Si imaginamos la gráfica de las dos ecuaciones, o las trazamos, podemos darnos cuenta de que el coeficiente de x es la pendiente: entre más alto el valor, mayor será la pendiente; esto es el grado de acercamiento de la recta al eje "y". Así mismo, cuando x=0, cada recta corta al eje "y" en la constante o valor independiente.*

Componente numérico-variacional, pregunta de solución de problemas

Con el fin de realizar una demarcación en la finca de su abuelo, Eurípides ha representado dos puntos en una gráfica como la siguiente. Después de calcular, encuentra que el punto medio es

Gráfico 5. Ubicación del punto medio

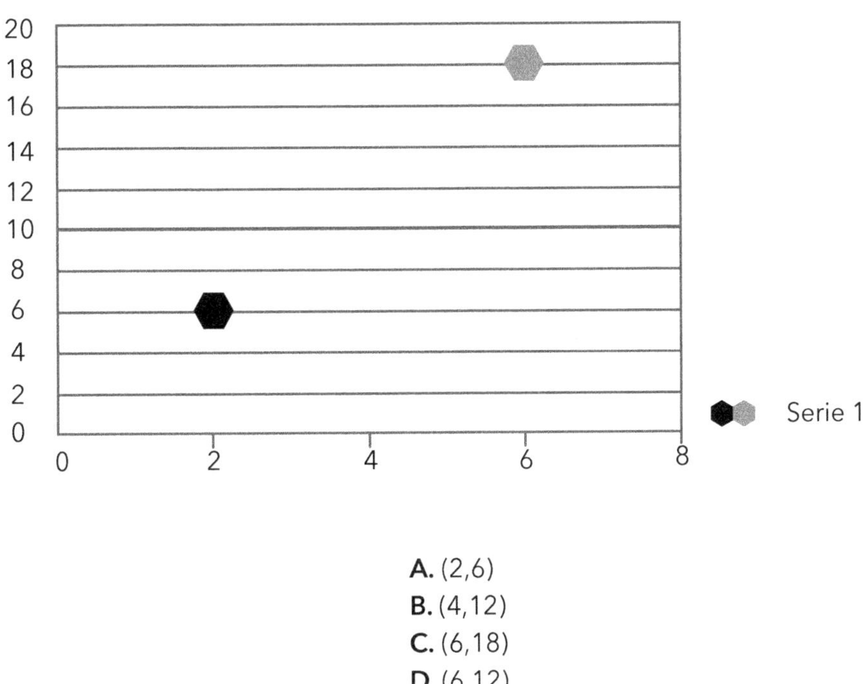

A. (2,6)
B. (4,12)
C. (6,18)
D. (6,12)

Clave B: *En parejas ordenadas, el primer valor corresponde a x, el segundo, a y. Para x el promedio entre 2 y 6 es 4. Para y el promedio entre 6 y 18 es 12.*

Componente métrico-geométrico, pregunta de razonamiento

Curiosa por saber lo que sucedería, Mariana amasó con greda tres cuerpos geométricos como los de la siguiente figura. Hizo al primer cilindro un corte horizontal con un hilo; al cono lo cortó verticalmente desde la cúspide, y al segundo cilindro le hizo un corte diagonal dejando intactas sus bases.

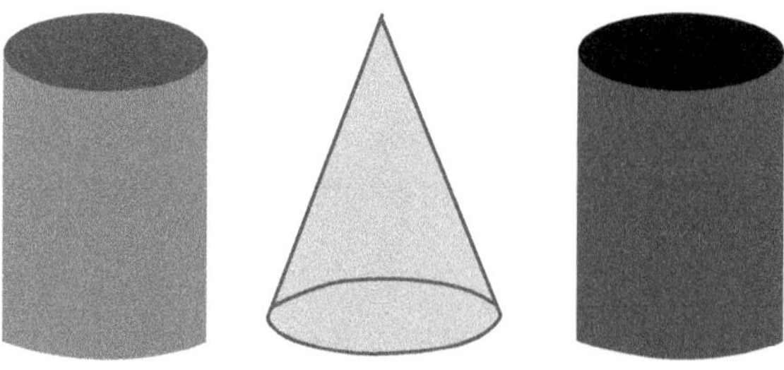

Mariana entonces observó que había formado las siguientes figuras respectivamente:

A. Óvalo, círculo y triángulo.
B. Óvalo, rombo y círculo.
C. Círculo, triángulo y óvalo.
D. Círculo, óvalo y rombo.

Clave C: *El cilindro es de base circular y por lo tanto cualquier corte horizontal genera un nuevo círculo. Al efectuar un corte vertical al cono, partiendo de la cúspide, se genera un plano, una figura triangular con base igual al diámetro del círculo (base del cono). Con buena imaginación se puede visualizar mentalmente el triángulo formado. Así mismo, el corte diagonal al segundo cilindro, sin tocar las bases, genera un óvalo.*

Componente métrico-geométrico, pregunta de representación, comunicación y modelación

Un tanque de 4 metros de ancho, 5 metros de largo y 3 metros de profundidad contiene agua equivalente a la tercera parte de su capacidad. Se surte de una quebrada por una manguera a razón de 8 litros por minuto. De su parte inferior fluye para el regadío de una huerta por otra manquera a razón de 6 litros por minuto.

Si *t* representa el tiempo en minutos, ¿cuál es la expresión que representa el agua contenida en el tanque *V* en cualquier momento, antes de llenarse?

A. $V = 20m^3 + t(2L/min)$
B. $V = 20m^3 - t(2L/min)$
C. $V = 30L + t(2L/min)$
D. $V = 30L - t(2L/min)$

Clave A: *Como puede observarse en las opciones, el volumen de agua contenida en el tanque en un momento dado (antes de llenarse) es una expresión algebraica de dos términos. El primero corresponde al volumen inicial y el segundo al incremento o decremento en un tiempo, t, dado.*

El volumen del tanque es: 3m X 4m X 5m = 60m³
El volumen inicial era la tercera parte, esto es 20m³

Al tanque entra agua a razón de 8L/min y sale a razón de 6L/min. Entonces, el volumen de agua se incrementa en 2L/min; en un tiempo de t minutos se incrementa en t(2L/min). Esto es antes de llenarse, porque después de lleno el volumen de agua en el tanque será constante: 60m³. Entonces habrá que cerrar la entrada para que el agua no se desperdicie.

Componente métrico-geométrico, pregunta de solución de problemas

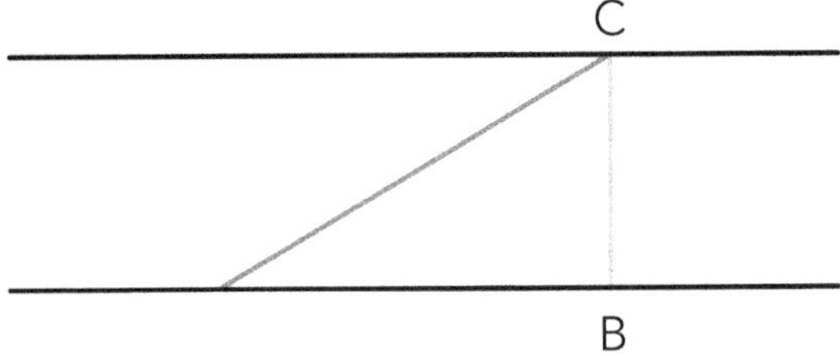

Aristarco se ubicó en el punto B, a la orilla de un río, exactamente al frente de un árbol, ubicado en C, en la otra orilla, procurando que la distancia BC fuera lo más corta posible. Luego se desplazó 40 metros hacia la izquierda y estimó que el ángulo entre la orilla del río y el árbol era de 30 grados. Usando las propiedades trigonométricas estimó que el ancho del río es

A. a = 40m /sen *30°*
B. a = 40m /cos *30°*
C. a = 40m /tg *30°*
D. a = 40m /ctg *30°*

Clave C: *Por definición la tangente de un ángulo es igual al cateto opuesto sobre el cateto adyacente, esto es y/x. Por lo tanto:*

Tg 30° = a/40m. Despejando, a, el ancho del río:
a= 40m/Tg 30°

Componente aleatorio, pregunta de razonamiento

Al comenzar el año Rubén, el profesor de Matemáticas, aplicó una prueba de entrada a los estudiantes del grado Undécimo. Registró en una tabla como la siguiente los resultados de sus estudiantes que comienzan por la letra M.

Tabla 41. Puntaje por estudiante

Estudiante	Puntaje
María	6
Melco	11
Milena	9
Miguel	6
Memo	15
Mona	13

La media, moda y mediana de la anterior estructura de datos es:

A. 6, 10, 11
B. 10, 6, 11
C. 6, 11, 10
D. 11, 10, 6

Clave B: *La media es el promedio o sumatoria de los datos (60), dividido entre el número de ellos (6) da 10. La moda es el dato más frecuente: el 6 se encuentra dos veces. Ordenando los puntajes, tenemos: 6, 9, 11,13, 16. La mediana es el puntaje ordenado medio: 11.*

Componente aleatorio, pregunta de representación, comunicación y modelación

Al finalizar el grado 11 el profesor Rubén aplicó una prueba final. Para los estudiantes de la muestra obtuvo los datos registrados en la siguiente gráfica:

Gráfico 6. Puntaje por estudiante

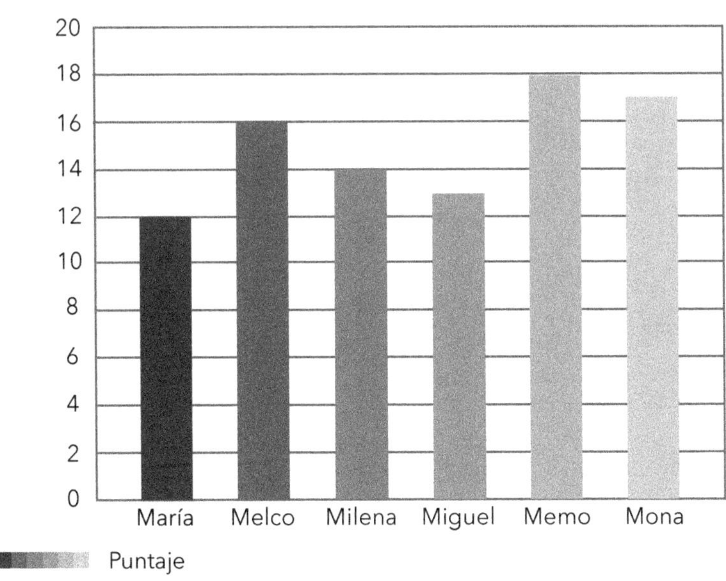

En la última clase Lupita, una de las estudiantes brillantes, comparó la prueba de entrada con la prueba final y concluyó:

A. La media se redujo y la desviación estándar se incrementó, luego el trabajo del profesor fue positivo.
B. La media se incrementó y la desviación estándar también, luego el trabajo del profesor fue negativo.
C. La media se incrementó y la desviación estándar se redujo, luego el trabajo del profesor fue positivo.
D. La media se redujo y la desviación estándar también, luego el trabajo del profesor fue negativo.

Clave C: *La media pasó de 10 en la prueba de entrada a 15 en la prueba final. A simple vista se observa como los datos de la prueba de entrada son más dispersos que los datos de la prueba final, que son más homogéneos; por lo tanto se redujo la desviación estándar. El incremento de la media y la disminución de la desviación estándar reflejan un trabajo sistemático del profesor a través del año lectivo para que sus estudiantes aprendieran, por lo tanto fue positivo.*

Componente aleatorio, pregunta de solución de problemas

En el último partido para la clasificación al campeonato mundial, Colombia se enfrenta a Brasil y necesita ganar. Pero clasifica además si Paraguay empata con Uruguay y Venezuela le gana a Argentina.

Partido	Sede	Visitante
1	Colombia	Brasil
2	Uruguay	Paraguay
3	Venezuela	Argentina

Teniendo en cuenta que un partido se puede ganar, perder o empatar, la probabilidad de que Colombia vaya al mundial es:

A. 1/3
B. 1/9
C. 1/18
D. 1/27

Clave D: *Como en cada partido hay 3 opciones (ganar, perder o empatar), la probabilidad de que Colombia le gane a Brasil es 1/3, también es la misma probabilidad del empate entre Uruguay y Paraguay y del triunfo de Venezuela sobre Argentina. Es una probabilidad condicionada y por lo tanto la probabilidad total es el producto de las tres probabilidades: P = (1/3)(1/3)(1/3) = 1/27.*

Los recursos didácticos

Desarrollar las competencias matemáticas en los estudiantes no solo requiere un conocimiento profundo de la ciencia matemática, de sus didácticas, sino del uso de recursos educativos en el área; los cuales podemos concebir como desarrollos técnicos y tecnológicos.

Desde la vida primitiva los humanos recurren a la tecnología para facilitar su trabajo en los distintos campos. En la actualidad existe una gran variedad de recursos educativos con distintos niveles de desarrollo tecnológico, todos ellos contribuyen a facilitar el trabajo pedagógico, a través de las distintas estrategias metodológicas. Un grupo importante de estos recursos lo constituyen las llamadas nuevas tecnologías, de las cuales el Ministerio de Educación Nacional resalta su valor:

> Las nuevas tecnologías no solo han hecho más fáciles los cálculos y la elaboración de gráficas, sino que han cambiado la naturaleza misma de los problemas que interesan a las matemáticas y los métodos que usan los matemáticos para investigarlos (MEN, 1999, p. 19).

De todas formas, toda la tecnología implícita en los medios educativos posee un valor especial; por eso a continuación se presenta una visión general de los tipos de recursos que se pueden crear o encontrar en el medio, y del uso que se puede darles para potenciar el aprendizaje de los estudiantes.

Tipos de recursos

Existen o podemos crear materiales físicos, audio-visuales y electrónicos; cada uno de ellos apoya específicamente el aprendizaje de los estudiantes en los distintos campos del conocimiento matemático.

Material físico

En los primeros grados prevalece el pensamiento concreto y, por ello, los materiales físicos son imprescindibles. Así, para preescolar y los primeros grados de la básica son muy importantes los materiales plásticos para modelar, tales como greda, arcilla, cera y otros. Por su parte, para el conteo, la concepción de conjuntos y las operaciones de suma y resta, son muy útiles las colecciones de objetos pequeños como pepas y canicas, recipientes para agrupar y, desde luego, el ábaco, dispositivo esencial para la comprensión y manejo de los sistemas numéricos. Las ruedas matemáticas se emplean para realizar multiplicaciones y divisiones.

Figura 17. Función del material físico

Nota. Los diversos materiales físicos contribuyen al desarrollo de las destrezas y las habilidades de los estudiantes. Fuente: Elaborado por el autor

Los juegos lógicos, los bloques multiversos y similares, son necesarios para realizar seriaciones, clasificaciones y, en general, para el desarrollo del pensamiento lógico. Mientras que los modelos geométricos físicos (tridimensionales) pueden ser empleados como apoyo para el desarrollo del pensamiento geométrico, entre ellos: geoplanos, planos cartesianos, figuras geométricas y cuerpos geométricos (sólidos y huecos) regulares e irregulares.

> El **geoplano** es un recurso didáctico muy interesante para trabajar la geometría, pues nos sirve para introducir los conceptos geométricos de forma manipulativa. Con él no solo podemos construir formas geométricas, sino descubrir las propiedades de los polígonos o incluso resolver problemas matemáticos, aprender sobre áreas, perímetros (Malena, 2015, p. 1).

Al tiempo, Malena señala tres tipos de Geoplanos: El Ortométrico de trama cuadrada; el Circular, una circunferencia segmentada en partes iguales, generalmente 24, que sirve para representar polígonos y estudiar sus propiedades; y el Isométrico, una trama triangular empleada para representar triángulos y estudiar sus propiedades.

Por otra parte, en medición se inicia generalmente con patrones arbitrarios y luego con patrones estandarizados. Dicho esto, se pueden emplear las manos de los estudiantes, sus pies, sus pasos, lápices, palos, cordones, cuerdas, etc., como instrumentos arbitrarios para la medición de longitud; mientras que para la medición de áreas se pueden emplear trozos de cartulinas, hojas de cuadernos, servilletas, etc.; para medir volúmenes se puede disponer de utensilios domésticos como vasos, jarras, etc.

Para la medición de la masa, balanzas y distintos objetos pequeños y medianos (por ejemplo, en un plato se coloca una piedra y en el otro canicas hasta equilibrarlos); y como medidas arbitrarias del tiempo se puede comparar la duración de un evento corto con otros de mayor duración; también se pueden crear "sistemas monetarios" didácticos para realizar ejercicios de transacciones económicas.

No es necesario dedicar mucho tiempo a las medidas arbitrarias; en cuanto se comprendan los conceptos conviene pasar a las medidas convencionales y a los instrumentos de medición ya conocidos: metros, decámetros, hectómetros, balanzas, dinamómetros, probetas, etc. En los grados superiores se requiere el uso de instrumentos de medición de mayor precisión como nanómetros, relojes que midan décimas de segundo, probetas y pipetas graduadas, entre otros.

En estos grados también es importante el uso de materiales físicos, que resultan útiles para iniciar la comprensión de los nuevos conceptos. Por ejemplo, en trigonometría se puede volver a usar el geoplano para la comprensión de las relaciones y funciones trigonométricas. Existe abundante bibliografía de materiales didácticos en matemáticas, destacándose el trabajo de Flórez (2011).

Material audio-visual

El material audio-visual tiene como función motivar e ilustrar y, aunque su poder interactivo es bajo, se constituye como apoyo para la comprensión de conceptos matemáticos; así, entre los numerosos escritos de expertos en el tema, se destaca el realizado por Caro (2006), quien confirma lo anterior:

> Hoy día es inevitable que los más jóvenes, cada vez a más corta edad, se vean atraídos por el cine, la televisión, por un cartel publicitario lleno de formas y colores o una fotografía llamativa, antes que con un libro. Es el mundo de la imagen. Aunque lo preocupante no es eso, sino la falta de interpretación y clasificación de toda la información que reciben. Les desborda, y les resulta imposible descifrar los mensajes audiovisuales. No obstante, su atractivo y potencial didácticos son atributos que los convierten en instrumentos muy valiosos y eficaces en el proceso de enseñanza-aprendizaje. El objetivo de los recursos audiovisuales en matemáticas es más bien acercar aquellos aspectos de esta materia, de manera que la conviertan en algo atractivo, interesante y útil en nuestra actividad cotidiana (p. 1).

Los recursos audio-visuales se consiguen a través de distintas fuentes, como colegios, universidades, agremiaciones de docentes y, desde luego, en la Internet. Se pueden obtener videos de distintas calidades en casi todas las temáticas del área; por ello es importante realizar una selección previa teniendo en cuenta la validez de los contenidos y su riqueza estética; otra fuente importante son los Recursos Educativos Abiertos, de los cuales trataremos más adelante.

Material informático

Los materiales informáticos constituyen una amplia gama de recursos que se encuentran en la red o fuera de ella: calculadoras, libros electrónicos, tutores, micromundos, cursos en línea, simuladores y aplicativos específicos. Se les denomina también objetos de aprendizaje. El valor de estos recursos depende de su potencial interactivo, esto es, de la posibilidad que ofrecen para que el estudiante actúe sobre ellos, reciba retroalimentación y, con ello, derive aprendizajes. La pedagogía de las matemáticas cuenta con miles de objetos de aprendizaje sobre diversas temáticas, lo importante es seleccionar los de mejor calidad y hacer un uso apropiado de ellos. A continuación se exponen algunos de los aplicativos de mayor uso: Cabri y Derive.

Figura 18. Recursos informáticos

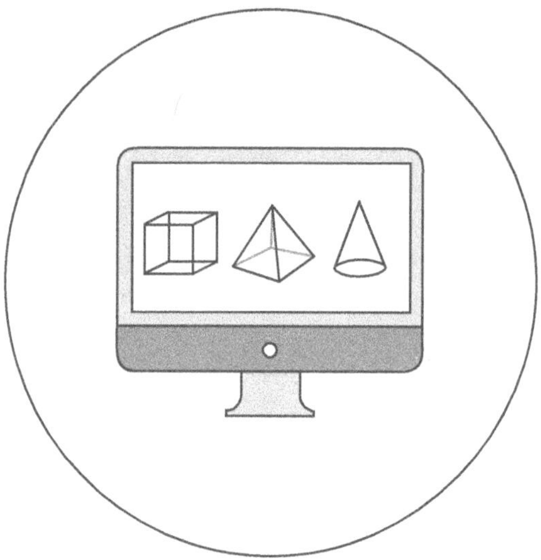

Nota. El valor de los recursos informáticos depende de su potencial interactivo.
Fuente: Elaborado por el autor

Cabri

Cabri es un aplicativo desarrollado bajo el concepto de matemáticas dinámicas, su propósito es comprender los conceptos de geometría a través de la construcción y análisis de figuras y cuerpos geométricos; es posible descargarlo junto a sus tutoriales de manejo desde **http://www.cabri.com/**

Derive

Derive es un programa que permite plantear, resolver y graficar ecuaciones algebraicas y todo tipo de funciones: monómicas, polinómicas, lineales, cuadráticas, logarítmicas y trigonométricas. Es posible descargar la versión gratuita por un tiempo limitado desde: **http://derive.softonic.com/descargar**

Recursos educativos abiertos

Los recursos educativos abiertos hacen parte de una iniciativa de organizaciones internacionales como la UNESCO, que buscó promover con ellos la educación y difundir el conocimiento evitando los procesos comerciales. Pueden acceder a la gran cantidad de objetos de aprendizaje inscribiéndose en la siguiente página:

http://www.unesco.org/new/es/communication-and-information/access-to-knowledge/open-educational-resources/

Uso de los recursos

El uso de la gran variedad de recursos educativos está ligado a las estrategias metodológicas. La diversidad metodológica implica también diversidad en el uso de recursos y así el potencial educativo se relaciona directamente con la interactividad, esto es, el grado de acción que el estudiante puede desarrollar y los aprendizajes que de ello puede derivar. En este sentido, los materiales físicos y algunos materiales electrónicos como tutores interactivos, simuladores y aplicativos, son los de mayor potencial interactivo.

A esta altura del texto ya se han insinuado algunas de las reglas de uso: Para el desarrollo del pensamiento concreto de los estudiantes se requiere de materiales físicos, pero, al mismo tiempo, conviene salir rápidamente de ellos para facilitar el tránsito hacia lo simbólico y abstracto. El material audio-visual es útil para inducir, motivar y comprender; su uso puede darse antes de las explicaciones profundas y sistemáticas del docente. Los materiales electrónicos u objetos de aprendizaje tienen valor en relación a su calidad de diseño, contenidos y su potencial interactivo.

Finalmente, es necesario recordar la importancia de la interacción o grado de relación entre el estudiante, sus compañeros y el docente al momento de utilizar los materiales. Este aspecto es de especial cuidado, pues se trata de que los alumnos desarrollen sus competencias matemáticas y, simultáneamente, sus habilidades sociales, particularmente aquellas relaciones armónicas que los han de definir como personas equilibradas.

Epílogo

Perfil del docente de matemáticas

Las exposiciones contenidas en este libro permiten inferir que el desarrollo de las competencias de las matemáticas supone un perfil del docente del área, pues la calidad del docente en su ser, saber y hacer es uno de los factores más determinantes entre los múltiples elementos que entran en juego a la hora de revisar la calidad educativa.

Primero somos personas, constituidas por un conjunto de competencias básicas que nos permiten conocernos, comprender la naturaleza y la cultura e interactuar armónicamente con los otros. Luego somos ciudadanos, miembros activos de la sociedad, sujetos de derechos y deberes que contribuyen al desarrollo personal y social. Después somos profesionales, ciudadanos con el conocimiento científico y tecnológico necesario para desempeñarse en un campo de la actividad humana con buen nivel de calidad.

Sobre la base de estos tres componentes nos hacemos docentes, es decir, profesionales de la educación que fundamentan su labor en el conocimiento filosófico, jurídico, científico, técnico y tecnológico, para comprender los fenómenos educativos y orientar los procesos de formación de niños y jóvenes. Finalmente somos docentes en matemáticas, profesionales de la docencia que conocen profundamente la estructura conceptual del área, su desarrollo histórico y su estructura metodológica, quienes además cuentan con la capacidad para utilizar con propiedad una amplia variedad de recursos educativos.

Figura 19. Estructura del perfil docente

Nota. Primero se es persona y, finalmente, profesor de matemáticas. Fuente: Elaborado por el autor

Como se observa, el "saber" hace parte del "ser", por ello es necesario mantener un proceso continuo de estudio para comprender los nuevos campos de desarrollo de esta ciencia formal, las nuevas tendencias metodológicas, los nuevos recursos y las conexiones con otras áreas del conocimiento, como el lenguaje, las ciencias y las artes.

Como "seres" nutridos de "saberes" realizamos un "hacer" sistemático que consiste en el desarrollo de los procesos curriculares mediante la planeación, el seguimiento, el monitoreo, el control y la evaluación, pasos que, junto a la inversión personal, permiten el desarrollo de las competencias de los estudiantes y les forja como personas, ciudadanos y futuros profesionales íntegros. Esta es la esencia del desempeño docente.

Referencias

Aldana, E., et al. (1996). *Colombia al filo de la oportunidad. Misión Ciencia, educación y desarrollo*. Bogotá: Tercer Mundo Editores.

Bachelard, G. (2007). *La formación del espíritu científico. Contribución a un psicoanálisis del conocimiento objetivo*. Buenos Aires: Siglo XXI Editores.

Bachelard, G. (2009). *La filosofía del No. Ensayo de una filosofía del nuevo espíritu científico*. Buenos Aires: Amorrortu.

Bell, E. T. (1996). *Historia de la Matemática*. México: Fondo de Cultura Económica.

Boyer, C. B. (1987). *Historia de la matemática*. Madrid: Alianza.

Caro, R. (2006). *Los recursos audiovisuales al servicio de la matemática*. Departamento de métodos cuantitativos (ICADE). Obtenido el 11 de abril de 2016, desde http://www.cesfelipesegundo.com/revista/articulos2006/art07.pdf.

Chevallard, Y. (1997). *La transposición didáctica*. Buenos Aires: Aiqué.

Echeverría, P. (2013). *Psicología del desarrollo evolutivo*. Obtenido desde http://www.colciencias.gov.co/sites/default/files/recursos/documentos/etapasDesarrolloJeanPiagetInteligenciaSimbolica.pdf

D`Amore, B. (2006). *Didáctica de la matemática*. Bogotá: Cooperativa Editorial Magisterio.

Flórez, P., et al. (2011). *Materiales y recursos en el aula de matemáticas*. Universidad de Granada. Departamento de Didáctica de la Matemática. Obtenido el 9 de abril de 2016 desde http://digibug.ugr.es/bitstream/10481/21964/1/libro_MATREC_2011.pdf

Hernández, J., y Socas, M. (1994). *Modelos de competencia para la resolución de problemas basados en los sistemas de representación en matemáticas*. Universidad de la Laguna. Santa Cruz. Islas Canarias. Obtenido el 19 de enero de 2013 desde ttp://revistasuma.es/IMG/pdf/16/082-090.pdf

Infancias. (2003). *La deserción y el fracaso escolar como manifestaciones de vulnerabilidad educativa*. Bogotá: Universidad Distrital Francisco José de Caldas.

ICFES. (2012). *Pruebas Saber 3o., 5o, y 9o. Lineamientos para las aplicaciones muestral y censal 2012*. Bogotá: ICFES.

ICFES. (2013). *Evaluaciones internacionales*. Obtenido el 28 de enero de 2014 desde http://www.icfes.gov.co/investigacion/evaluaciones-internacionales

ICFES. (2013). *Sistema Nacional de Evaluación Estandarizada de la Educación. Alineación del Examen Saber 11. Anexo 2. La Prueba de Matemáticas*. Bogotá: ICFES.

ICFES. (2014). *Pruebas Saber 3°, 5° y 9°. Qué se evalúa. Matemáticas*. Obtenido desde http://www.icfes.gov.co/examenes/pruebas-saber/que-se-evalua.

ICFES. (2014). *Sistema Nacional Evaluación Estandarizada de la Educación. Alineación del examen Saber 11*. Obtenido desde https://docs.google.com/presentation/d/1kgATr9DGIm07eZN_ohqqhyEEIB619EgASiDJYobP5E0/present?pli=1&ueb=true#slide=id.p72

Jurado, F. (2003-Marzo). El Debate de las competencias. *Revista Magisterio*, No. 1.

Malena. (2015). *El Geoplano*. Obtenido el 9 de abril de 2016 desde http://aprendiendomatematicas.com/el-geoplano/

Ministerio de Educación Nacional. (MEN). Ley 115 de 1994. *Ley General de Educación*. Bogotá: Imprenta Nacional.

Ministerio de Educación Nacional. (MEN). (1998a). *Lineamientos curriculares, Matemáticas*. Bogotá: Cooperativa Editorial Magisterio.

Ministerio de Educación Nacional. (MEN). (1998b). *Lineamientos curriculares, Preescolar*. Bogotá: Cooperativa Editorial Magisterio.

Ministerio de Educación Nacional. (MEN). (1999). *Lineamientos curriculares. Nuevas Tecnologías y Currículo de matemáticas*. Bogotá: Cooperativa Editorial Magisterio.

Ministerio de Educación Nacional. (MEN). (2003). *Estándares básicos de competencias en matemáticas*. Obtenido el 10 de febrero de 2014 desde: http://www.mineducacion.gov.co/cvn/1665/articles-116042_archivo_pdf2.pdf

Ministerio de Educación Nacional. (MEN). (2015). *Derechos Básicos del Aprendizaje, Matemáticas*. Obtenido el 14 de abril de 2016,desde http://www.colombiaaprende.edu.co/html/micrositios/1752/w3-article-349446.html

Montenegro, I. A. (2003). *Aprendizaje y desarrollo de las competencias*. Bogotá: Cooperativa Editorial Magisterio.

Montenegro, I. A. (2004). *Sistema de evaluación y promoción: La cultura de la transparencia*. Bogotá. Manuscrito no publicado.

Montenegro, I. A. (2009). *Aprendizaje y desarrollo de las competencias*. Bogotá: Cooperativa Editorial Magisterio.

Montero, C. M. (2010). El proceso de Bolonia y las nuevas competencias. *Tejuelo*, No. 9, pp. 19-37. Obtenido desde http://iesgtballester.juntaextremadura.net/web/profesores/tejuelo/vinculos/articulos/r09/03.pdf

Morin, E. (1994). *El Método III: El Conocimiento del conocimiento*. Madrid: Catedra.

Piaget, J., Beth, E. (1974). *Mathematical Epistemology and Psychology*. Springer Science + Business Media. B.V.

Platón. (1979). *Obras Completas*. Madrid: Aguilar.

Polya, G. (1981). *Cómo plantear y resolver problemas*. México: Trillas.

Porlán, R., Rivero, A., y Pozo, M. (1997). Conocimiento profesional y epistemología de los profesores: teoría, métodos e instrumentos. *Enseñanza de las ciencias*, 15(2), pp. 155-171.

Ruiz, L. (1998). Introducción. *La noción de función: análisis epistemológico y didáctico* (pp. 105-143). Jaen: Universidad de Jaén.

Ruiz, S. (2007). *El teorema de Gödel sobre la verdad y la demostrabilidad. La bella teoría*. Obtenido el 13 de mayo de 2013 desde http://labellateoria.blogspot.com/2007/05/el-teorema-de-gdel-sobre-la-verdad-y-la.html

Secretaría de Educación Distrital. (SED). (1999). *Guía de la Prueba. Evaluación de competencias básicas en el Distrito Capital. Octubre de 1999*. Bogotá: SED.

Secretaría de Educación Distrital. (SED). (2010). *Reorganización curricular por ciclos. Referentes conceptuales y metodológicos*. Obtenido el 29 de enero de 2016, desde http://www.redacademica.edu.co/archivos/redacademica/colegios/politicas_educativas/ciclos/Cartilla_Reorganizacion_Curricular%20por_ciclos_2da_Edicion.pdf

Ursini, S. (1996-Diciembre). Una perspectiva social para la educación matemática. La influencia de la teoría de L. S. Vygotsky. *Revista Educación Matemática*. México, Vol. 8, No. 3, pp. 43-49.

Vigotsky, L. (1978). *El desarrollo de los procesos sicológicos superiores*. Barcelona: Grijalbo. Obtenido desde http://bibliopsi.org/docs/ materias/obligatorias/CFG/genetica/zalazar/Vygotski%20%20-%20El %20desarrollo%20de%20los%20procesos%20psicologicos%20superiores%20-%20Cap%20IV.pdf

Wikipedia. (s.f.). *Historia de las matemáticas*. Obtenido el 13 de mayo de 2013 desde http://es.wikipedia.org/wiki/Historia_de_la_matem%C3 %A1tica

Wittrock, M. (1996). Procesos de pensamiento de los alumnos. *La investigación de la enseñanza*. Barcelona: Paidós.

www.ingramcontent.com/pod-product-compliance
Lightning Source LLC
LaVergne TN
LVHW080455160826
845677LV00006B/1363

* 9 7 8 9 5 8 2 0 1 2 7 8 6 *